大半夜贪吃巧克力的女人

明知不能做却忍不住的女人心里那点事儿

〔韩〕宣安男（선안남）◎ 著
玉淙峥 ◎ 译

重庆出版集团 重庆出版社

图书在版编目（CIP）数据

大半夜贪吃巧克力的女人 /〔韩〕宣安男著；玉淙峥译 . – 重庆：重庆出版社，2012.6
原文书名：한밤중에 초콜릿 먹는 여자들
ISBN 978-7-229-05143-3
Ⅰ. ①大… Ⅱ. ①宣… ②玉… Ⅲ. ①女性心理学 – 通俗读物 Ⅳ. ① B844.5 - 49

中国版本图书馆 CIP 数据核字 (2012) 第 091575 号

大半夜贪吃巧克力的女人
DABANYE TANCHI QIAOKELI DE NÜREN

〔韩〕宣安男 著
玉淙峥 译

出 版 人：罗小卫
策　　划：中资海派・重庆出版集团科韵文化传播有限公司
执行策划：黄　河　桂　林
责任编辑：吴向阳　朱小玉
特约编辑：黄　华　刘雪娇
装帧设计：罗志宗
插　　画：艺影（宋启娜）

重庆出版集团
重庆出版社 出版

重庆长江二路 205 号　邮编：400016　http://www.cqph.com

深圳市希望印务有限公司制版印刷
重庆出版集团图书发行有限公司发行
邮购电话：023-68809452
E-mail：fxchu@cqph.com
全国新华书店经销

开本：889mm × 1250mm　1/32　印张：9　字数：153 千
2012 年 7 月第 1 版　2012 年 7 月第 1 次印刷
定价：32.00 元

如有印装质量问题，请致电：023-68706683

致中国读者信

亲爱的中国读者：

很高兴通过《大半夜贪吃巧克力的女人》这本书跟大家问好。中文的美让我深深着迷，虽然我努力学习中文，却至今没有去过中国。但我的书已经到达中国了，我深感荣幸。

《大半夜贪吃巧克力的女人》是我的第五本书，也是第四本被引进中国的书，书中主要分析了知道不该做却明知故犯的各种行为心理。为了减肥，努力做运动，控制饮食，但每次都在关键时刻，完全放弃之前的努力，自暴自弃……这些微妙的心理全部包含在本书中。

在学习心理学和进行心理咨询的过程中，我发现每个人都有过意志薄弱的一瞬间，于是我描述了日常所见的8种行为并进行了说明，为了让我们的人生走得更好，我们需要怎么做，我也在此提出了一点小建议。

我对年轻女性无限的潜力和活力特别感兴趣，所以对年轻女性也格外关注，于是就有了这本书。比起泛泛而谈的心理学书籍，我更想写一本简单明朗且实用的大众心理学书。庆幸的是，首先与这本书见面的韩国读者对这本书反响还不错，他们觉得简单、有趣、实用。

本书出版之后，我曾接到过不少企业发来的邀请函，请我去做咨询或演讲；也有一些人把它作为心理治疗的教材。明知故犯，事后后悔，找借口使之合理化，“我知道，但是……”，这些问题不仅仅女性有，男性也有，现在这本书已出版了男性版本，且受到了不同程度的关注。

我相信书和人一样，也是有命运的，这本书能够被引进中国也是八字有福了。虽然这本书是以我在韩国咨询中心或日常生活中见到的韩国女性为分析蓝本的，语言、国籍有差异，但我相信我们内心深处想要的、想做的、担心的、敬畏的都相差无几。我们都希望获得关爱，得到认可，每分每秒都活得健健康康、生机勃勃。

最后，希望这本书能在中国读者心中产生一点点“回音”，希望能为大家走向更幸福的生活有所帮助。

我真挚地期待你们对本书的意见和反馈。我的邮箱：melt00@hanmail.net。

宣安男　敬上

前 言

你也是明知故犯的女性中的一员吗？
“我知道，但是……”

为了让心理学更好地指引生活，让我们的生活更加轻松愉快，我已经写了好几本书。最近我再一次提起了笔，开始寻找新的主题。

写作的过程并不容易，就像攀过了一座山峰，又要接着挑战另一座高峰一样。但是对于我来说，写作所带来的快乐远远超过其带来的痛苦。为了让文章能够直指人心，我兴致勃勃地搜集材料、采访、整理笔记——这种用文字沟通的方式，实在让我十分欢喜。我沉醉在写作的乐趣中。只要体力能够支撑，我便会用不同的方式尝试各种主题。碰巧，正在我苦心琢磨主题的时候，出版社那边带来了一份策划。

策划编辑对我说，让我刻画一下“明明知道不可以，却还是按捺不住；事后还要找借口辩解的坏习惯”。然后，让读者首先了解这种不良习惯的存在，再帮助她从这种恶性循环中摆脱出来。对于这个提案，我们几乎是一拍即合。我心中暗想："没错，就是这个了！"

很多时候，我们的想法和行为往往是背道而驰的。当我们这么想的时候，往往会那么行动；而当我们那样想的时候，又会这样做。每当这时，我们就会陷入一种困境，并对这种处境感到力不从心，并感到深深的自责。而也正是这个时候，我们会给自己找到很多合理化的借口来回避这种自责情绪，然而，我们内心深处是知道的：这不过是一种自欺欺人的行为罢了，它只会导致自信心和自尊感慢慢丧失。

我们最常使用的借口往往都带有明显的"我知道，但是……"的标记。同时，再没有比"我知道，但是……"更好的借口了。

"我知道，但是我不能那么做。"

"我的心里明明不是那么想的，但是我停不下来。"

诸如此类，明明知道一切需要停止和改变，却又用"我知道，但是……"这种借口来把事情合理化。

我们每个人都肯定遭遇过理性被打败的时刻。比如，明明知道不能拖下去，却还是一拖再拖；明明知道会受伤，却还是不能与恋人分手；明明正在减肥，却在大半夜贪吃巧克力；明明知道要理性消费，却还是不由自主地大血拼；明明知道事后一定会后悔，明明知道可能会受到更大的伤害，但还是不可救药地"失去理智"。

这到底是为什么呢？到底该怎么做才能从这种“我知道，但是……”的模式中解脱出来呢？

在这本书中，我希望可以细致地描绘出“我知道，但是……”的种种形象，从而剖析“我知道”和“但是”之间的逗号处所发生的心理转折，以及“但是”后面的省略号中隐藏着的心境和行为模式。借此，希望可以帮助读者从这种“拖泥带水”的尴尬中解放出来，收获更加健康和明朗的人生。当我们无法随心而活的时候，必然是存在一定的原因的。

这本书以心理学理论知识为依托，系统而合理地为我们的种种不良习惯提出解决方案，但其更多的是在细致地描绘我们身边最常见的种种现象和情形，并将其作为我们的前车之鉴。在书中，读者会找到跟自己十分相近的人物，并从她的身上看到自己的弊病，从而找到让自己解脱出来的方法。

其实我们每个人或多或少都会有“我知道，但是……”的行为模式，只是程度略有不同而已。只不过，本书着重于描绘女性身上的这些特点，这不仅是因为我本人就是女性，对女性的心理特点有所关注和了解。最根本的原因还是在于，我们的社会对于女性的期许更多地在于其女性特质和亲和力上面，而不在于社会性和政治性等方面。这也正是如今很多女性特别喜欢用“我知道，但是……”这种堂而皇之的借口将事情合理化的症结所在。随着女性逐渐熟悉这种借口模式，运用起来也更得心应手了。

当然这里还存在着个体差异的问题。也就是说，在每个人的行为模式中，个人因素也起着非常重要的作用。因此，在这个问题上不能一刀切，不能只用一两点就来概括所有人的行为背后所隐藏的心理特点。但本书更加着力于寻找隐藏在每个人，尤其是每个女性的心理构造中的隐患——不安，表里不一，以及各种合理化的借口，从而帮助现代女性走出这种心理困境。希望这本书可以为广大读者找到更加充满活力的生活方式，如果它能够为大家的人生带来一点点的激励作用，将不胜欣慰。

为了更加坦荡的人生！

宣安男

目 录

自我测评

你有拖拖拉拉的习惯吗?

1. 看着工作任务、论文、作业就烦，能拖一秒是一秒。
2. 还来得及，熬熬夜加加班就能搞定。
3. 总觉得自己很忙，但又确实没有可忙之处，于是每过几十秒就会刷新微博。
4. 心里虽很焦虑，但还是想“再等等，就一下下”。
5. 从工作清单中挑最不重要的事情做，越重要的工作拖得越久。
6. 不愿意睡觉，喝杯水转身看部剧，不知不觉就拖到了两三点。
7. 上次弃考，这次考试在即，书还没有翻过。
8. 还有点时间，先去网上逛逛，听听音乐，上上淘宝。
9. 看着堆积如山的任务，算了，洗洗睡吧。
10. 明知“晚上不睡，白天崩溃”，却迟迟无法关电脑。
11. 不容许别人占用或浪费自己的时间，而自己却不珍惜时间。

(请用“是”或“否”作答。)

如果符合以上 1～3 条，那么说明你已经有拖拉的倾向，你应该做适当的调整了。

如果符合以上 4～7 条，那么可以确定地说你有拖延症，你更得注意点了哦。

如果符合以上 8～11 条，那么你的拖延症已经非常严重了，改变势在必行，否则会给你带来内在情绪上的折磨，在工作、学业、家庭和人际关系上造成严重的后果。

你是购物狂吗？

1. 看到喜欢的东西必须买下来，不管适合不适合，买回来后很快就失去新鲜感。
2. 买不到想要的东西就难以忍受。
3. 一个月内逛街时间超过 20 小时。
4. 经常一回家就对自己买的东西感到后悔。
5. 买东西不看价钱。
6. 常常因为购物而入不敷出，甚至债台高筑。
7. 看到“促销”、“打折”的字眼就忍不住冲上去。
8. 打开电脑，首先去淘宝逛一逛，收到包裹就感到满足。

9. 认为自己赚的钱，购物是犒劳自己。

10. 时刻想着购买的东西，上班也在想。

11. 一买东西就变得兴奋，回家后会一场空虚。

12. 自己没有想买的，想方设法帮爸爸妈妈老公儿子女儿买，总之一定要买。

13. 工资到手不超过一个星期全部花在购物上。

14. 一旦去逛街，一定要身无分文才回家。

15. 同款衣服鞋子，经常每种颜色都买。

（请用“是”或“否”作答。）

如果符合以上 1～3 条，恭喜你，你是理性消费者，但有成为购物狂的倾向。

如果符合以上 4～8 条，你是一个轻微购物狂。

如果符合以上 9～12 条，你是一个购物狂中度患者。

如果符合以上 13～15 条，你是一个彻头彻尾的购物狂。

Chapter Ⅰ
喜欢拖延的女人

总是习惯性地回答“我还没准备好”，“现在还不是时候”。你仅仅是在拖延时间而已。不要等待什么完美时机，与其等待，不如创造。

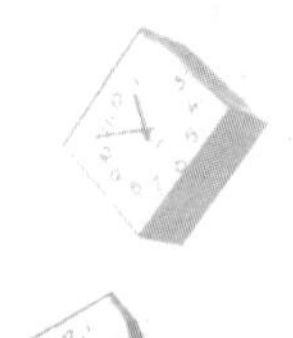

为了改掉会员们身上普遍存在的拖沓的毛病，我们曾经举办过一次集体座谈会。在这个座谈会上，拥有相同症结的人们定期聚在一起，一同讨论彼此身上存在的问题，并从中找到改善的方法。第一天，我让会员们各自感觉一下自己现在的状态，并把感觉到的东西画在纸上——而这些画，非常诚实地“说出”了她们心中的焦虑和自责。

其中，有一位女学生的画让我印象非常深刻。她在一张 A4 纸的小角落画上了自己，连接着她的，是一个巨大的气球，几乎占据了整个画面。这个大的气球，代表的就是她需要完成的事情。

“这不仅仅是气球，它更代表了负担，越积越多，越积越重的负担。”

她说，原本还很小的气球，会随着时间的推移无限膨胀，压得她快要喘不过气了。该做的事情如果一拖再拖，就会累积成沉重的负担，最后只能看着“气球”越来越大却束手无策，而“自我”空间则会越来越狭小。自此之后，再不能随心所欲地做自己想做的事。

其他很多会员听了她的描述之后，觉得心有戚戚焉。这也让我想起曾经的一段痛苦经历，那时我也是什么事情能拖则拖，后来事情越积越多，多到无法承受的地步。现在想想，很多时候我们明明知道不应该，却还是习惯性地把事情往后拖延。其实如果提前作好准备，或者每次都能按时完成的话，事情会非常简单，而且心情也会很轻松。但人们总是把事情拖到截止日期才想到要去完成它。结果是，要么经常出岔子，要么根本无法完成。

为什么我们心里明明知道不应该，却还是一拖再拖呢？要怎样做才能让沉重的负担变成轻盈的气球呢？在“我知道，但是……”这种堂而皇之的借口背后，我们应该了解的是，到底是什么心理机制在作祟？而为了培养良好的习惯，我们又该怎么做呢？

存在的问题

1. 拖延做课题和作业的时间
2. 经常迟到
3. 不能按照计划完成任务
4. 无法获得预期的成果

真的没时间，还是一拖再拖惹的祸？

当你问那些习惯拖延的人为什么没能完成一件事的时候，他们一定会说："没时间啊。"他们总是没时间。不管是别人提出一项建议，抑或是质问其为什么没有按时完成工作，他们总是说——没有时间。每个人每天都是 24 小时，而他们总是觉得时间很紧。明明别人时间都够用，都可以按时完成工作，只有他们每日每夜与时间战斗，身心疲惫。其实，"没有时间"仅仅是一个非常表面的理由，或者说，只是个借口而已。

那么他们拖延的真正原因是什么呢？真正的原因，就在于——错误的先后顺序。他们往往会把"现在马上要做的事"和"可以以后再做的事"排错顺序。

我们来看看明天就要交课题作业的在仁的情况。离交课题只剩下 22 个小时了。刚刚外出回来的在仁，打开了电视，她每次一回家都会习惯性地打开电视。即使心里知道要赶紧写课题，但是想着先休息一下，还是坐到了电视机前。即便电视节目没什么意思，她就是要坐在电视机前不挪窝。

坐在沙发上拨弄着遥控器的在仁，这时接到了一位朋友的电话。朋友邀请在仁一起去美容院。以前在仁说什么，这个朋友一般都会响应，所以这次在仁也不好意思拒绝，再说电视节目也没什么意思。正要起身的瞬间，她想到了课题。但这个担心只停留了1秒钟，反正还剩一些时间嘛。所以在仁决定把做课题的事情再往后拖拖，等回来再说。

做完美容，夜深才回到家的在仁，突然后悔起自己为什么不早点做课题。本来有一个星期的时间可以好好完成课题，但为什么自己总是在临了的时候才想起这回事呢？想到这里不禁心里一阵焦躁。紧赶慢赶，虽然勉强完成了课题，但是这样仓促写的课题肯定不会得到高的评分，自己也会对自己感到失望。虽然在仁一直试图用“没有时间”作为借口，但问题的根源，其实出在先后排序上。每次都无视当前要做的重要的问题，只管眼前这会舒服了再说。

把“没时间”当借口的心理分析

如果你也像在仁一样，明明知道有需要完成的课题，却未能按时完成，或者根本没有去做的话，那么你们一定有着相同的问题——先后顺序不明确。“没有时间”这个理由显然说不通。仔细观察在仁的情况我们可以发现，她总是难以拒绝朋友的邀请。因为她是关系至上的人，所以在这种情况下总是没有办法第一时间确定什么才是当下最重要的事情。

每个人心中自有一个评定价值的标杆。就在仁的情况而言，她显然是“关系至上”的类型，而不是“课业至上”的类型。“关系至上”的人非常重视人际关系，通常会把这个放在最优先的位置。也就是说，在做课题和与朋友约会之间，在仁把后者看得更加重要。

一般来说，在仁的这种特点也有积极的一面。正是因为她为人亲切且善解人意，所以人缘非常好。正如朋友需要帮助她总是第一时间出现一样；在她需要帮助的时候，朋友也会鼎力相助。但是，这种特点就像是硬币一样具有两面性。也就是说，它也有消极的一面。比如，若要按时完成课题，就需要大量独处的时间，这样就必须要拒绝朋友的邀请，这对于关系至上的在仁来说确实是个难题。

对于她面临的这种困境，剑桥大学心理学教授席蒙·贝伦科汉（Simon Baron-Cohen）通过大脑类型的理论给出了很好的解释。他说，我们的大脑可以分成两个类型：善于系统思考的“男性型大脑”和善于感性思考的“女性型大脑”。当然，我们不能说所有的男性就一定具有“男性型大脑”，而所有的女性都一定具有“女性型大脑”。但一般情况下，确实如此。

按照他的分类，在仁的大脑类型，显然是善于理解别人、捕捉情绪变化的“女性型大脑”。这样的人在遇事的时候，不会理性而合理地分析当时的情况，而习惯用“关系”和“感觉”来判断。

“关系至上”和“善解人意”，虽然在很多方面有着难以比拟的优势，但是同时也有它的劣势。如果大家都像在仁一样，拥有的是感性的“女性型大脑”，而且因为这种大脑特点的关系，在遇事的时候总是没有办法理性分析的话，那么为了尽快扫除这一盲点，我们需要建立一些新的习惯。

把“没时间”当借口的心灵配方

很多人把“没时间”挂在嘴边，
是因为分不清事情的先后顺序。
当感到困惑的时候，
请按照事情的轻重缓急程度将其分成四个象限：
紧急且重要、紧急不重要、重要不紧急、
不重要不紧急。

多听听拥有“男性型大脑”的人的意见，
这类人往往学业至上且善于系统思考，
能够为你提供理性的建议。

有意识地区分“当下最想做的”
和“现在马上应该做的”这两者的区别。

Opportunity

与其等待，不如制造完美时机

“现在还不是时候。”

妍秀在拖延做一件事情的时候，总是这样对自己说。不管是约会，辞职，还是收拾房间，都以此为借口。

朋友们要给她介绍对象的时候，她也顾虑良多。比如说，在此之前应该先减肥一段时间，还要去矫正一下牙齿，对于未来得预先想一下等等。结果是，在罗列以上种种假设的过程中，她错失了所有机会，到现在为止还没有真正谈过恋爱。

工作上也是这样，很早以前她就跟朋友们说想辞职，但是却发现要对上司说出“不干了”这句话怎么那么难呢？她再也受不了这样浑浑噩噩地过日子了。不过，这个月发完工资之后，妍秀是不是会再一次犹豫不决呢？

收拾房间也是一样。在妈妈的一再念叨下，她也颇感压力，心里也想要把房间收拾一下。但是外出回家后，又觉得自己很累，根本没有收拾房间的时间。就这样，总也找不到一个合适的时间去打扫房间。她的问题到底在哪里呢？真的如她所言，一切都还不是时候么？

把“没准备好”当借口的心理分析

妍秀的问题在于，她总在等待一个完美时机。然而，对于每个人来说，完美时机都是极其稀有的。因此很多时候，人们会以“还没准备好”为借口，来拖延一件事情。但是，所谓等待完美时机，有的时候真的无关“时机”问题，只是“还有时间拖延”的幌子而已。当我们以“还不是时候”为理由一再拖延的时候，请认真审视一下自己的内心。这到底是不是“还可以拖”的心理暗示呢？

一个习惯拖延的人在开始一件事的时候，脑海中总会自动浮现出“不能马上做这件事的理由”，“要迟些再做的理由”,而不是“马上要做这件事的理由”。即便是打扫房间、约会、辞职这种日常生活中的小事，也会习惯性地认为“一切都还不是时候”，就像妍秀一样。

这些本来非常细小的事情，如果被一再推迟，反而会变成是一件难以完成的大事。要从这种状况中脱离出来，首先要了解到底是什么样的心理在作祟。在我们的内心世界里，有一个“小搞怪”，每次我们想要尝试做一件事情的时候，它总是会在无意识间干扰我们的意志。

当我们感到犹豫不决或有所迟疑的时候，请仔细观察“不行，你不可以”这句话到底是从哪里冒出来的，到底是谁把这种充满怀疑的声音植入我们脑海的呢？在认清这些之后，把这种声音彻底消除掉，然后替换成“就是现在”！

让自己用更加长远的眼光来说服自己，为什么现在一定要做这件事情。

《哈佛商业评论》主编、原通用电气CEO杰克·韦尔奇的夫人苏茜·韦尔奇在其著作《你就是自己的幸运星》中曾说过，我们可以通过有意识的行为来作出更好的决定。

“当陷入困境的时候，与其用现在的目光作出冲动的决定，不如先预想一下10分钟后、10个月后、10年后，面对同一件事情自己会作出怎样的决定。”

她的谏言看似非常简单，要真正做到却不是那么容易。但是，如果我们不有意识地作出努力，就永远无法用更开阔的眼光判断我们所作出的决定，更看不到这个决定将会带来的结果。毕竟，作出明智的决定对每个人来说都不是一件容易的事情。

不要仅仅局限于现在，茫然地等待什么完美时机。一个习惯拖延的人和与之相反的人的最大区别就在于，前者永远等待完美时机，而后者则会选择制造完美时机。

把“没准备好”当借口的心灵配方

首先认定一件事，
那就是这个世界上根本就不存在“完美时机”，
但你可以通过行动创造“完美时机”。
请记住耐克的广告语：“Just Do It!”

当内心觉得“还不是时候”的时候，
问自己一句：“为什么现在必须做这件事？”
当你清楚意识到其必要性时，
才会有采取行动的动力。

铭记“10－10－10”法则。
现在的拖延，
会有什么后果？
现在的“不拖延”，
会让你10分钟后、10个月后、
10年后的人生截然不同。

“口头禅”一样的梦想，为何实现不了？

在服装公司工作的柔真这几年一直在念叨要留学。她读大学的时候，一直在学英语，所以与其他同学相比，她的英语能力要优秀很多。朋友们都以为，毕业之后她肯定会顺理成章地出国留学，因为“留学”几乎成了柔真的口头禅。

但是大学毕业之后，柔真并没有去留学。不，应该说是去不了。留学需要很大一笔资金支持，当时的情况并不允许。其实，并不是所有出国留学的人家境都很殷实。很多下定决心一定要出国的人，都是在父母的支持下先凑够第一个学期的学费，到了国外之后，再想办法解决接下来的事情。但是柔真并不想那样，而且她希望能先积累一些工作经验，于是选择了就业。就这样，一晃就是三年。工作期间，柔真仍不忘坚持学习英语，而且也存下了一笔足够留学的钱。但是她还是在推迟留学的计划。

最近，她新交了男朋友，现在正是如胶似漆的时候，这让问题变得更加复杂。随着与男朋友之间的感情越来越深，已经到了必须要作出决定的时候：留学？还是结婚？但是柔真说她没法轻易作出决定。她为什么会将留学计划一拖再拖呢？这个几乎成为了她“口头禅”一样的梦想，为什么实现起来就那么难呢？

把“障碍多”当借口的心理分析

柔真说，让她苦恼的是“现在到底是该留学，还是与男友结婚”。但最根本的问题在于，“她是否真的想去留学”。柔真曾多次以各种理由推迟留学。虽然她每天张口闭口说自己多么想去，但是这也许并不是她“真正”想要的东西。

从表面上来看，“经济负担”、“社会经验”、“男朋友”都可以成为不去留学的理由，她自己确实也是这么解释的。但是如果她真的想去留学的话，这些问题根本不会成为障碍。所以说，她并不是“不能”出去，而是“不想”出去。这其中最根本的原因，可能就是她心中对于留学的愿望并没有那么强烈。

如果你说了很长时间“做某件事”却始终没有成行的话，请先问问自己，是不是“真的”想。有时候，因为某些原因，就连我们自己都看不清自己的内心，反而无谓地做着自欺欺人的事情。

当我们抱有强烈的“内在动机”的时候，一切外在的障碍都不会成为障碍。如果眼前的障碍物真的很强大，那么我们首先想到的应该是如何除掉眼前的障碍。但是，实际上，我们常常会因为内心的不安和恐惧，将本来很小的障碍无限放大，甚至会凭空制造出一些障碍。

那么，如果柔真不是真的想去留学，为什么嘴上还会一再念叨这个事情，并且上班了还在持之以恒地为此作着准备呢？这其中有很多原因，但可能性最大的恐怕有两种。一种是，连她自己都不知道自己想要的是什么；另外一种则是把他人的愿望误作自己的愿望。留学的梦想，可以将自己高大化，而且会给未来注入更多希望。同时，出于让自己“升值”的愿望，这个梦想会带来更多的推进力。但是，有的时候各种闪闪发光的“装饰物”反而会掩盖了真正的内心。

在我们慢慢长大，并在与形形色色的人交往的过程中，常常会混淆“自己真正的愿望”和“类似愿望”，即不是自己的，却误以为是自己的愿望。尤其是对他人的评价比较敏感的人群，更容易出现这种倾向。为了分清“类似愿望”和“真正愿望”，我们需要仔细地观察这愿望有多迫切。如果因为各种各样的绊脚石就在梦想面前彷徨不前，抱怨不已的话，说明这愿望并不是“真正的愿望”。

从结果上来说，即便最后达成了“类似愿望”，也不会给我们带来特别大的喜悦。因为，那愿望并不是自己的。当我们为“真正的愿望”切实地作出努力，并最终达成的时候，我们才会收获真正的幸福。所以说，寻找“真正的愿望”并实现它，才是最为重要的。

“当我们非常清楚地知道‘为什么’的时候，‘如何’就不会成为障碍。”

当大家因为找不到方法或者环境不允许而抱怨“无法做到某件事”的时候，请记住上面这句话，到底问题在哪里并且弄清楚，自己有没有把别人的梦想嫁接到自己身上？

把“障碍多”当借口的心灵配方

如果长时间把“做某件事”挂在嘴上却始终没有成行，
反问自己，是不是真的想做某件事情。
编造诸多借口都是在推卸责任，逃避困难。
找借口，你的人生就已经开始在退步，
找方法，你的人生才会在进步！
认清借口的险恶，
别让借口成为“障碍”。

如果确实存在障碍，
请把它具体化，
然后一一除掉。

在所有“类似的愿望”中寻找
“真正的愿望”并实现它。

意志薄弱也许是你自己惯出来的

善玉介绍自己时，称自己是“耳根子软的人”。她说，最近在读的一本书中，有一段关于“在自卑和优越感之间的徘徊”的描写，真是一语中的。她就是这样，时而觉得自己厉害到不行，好像什么事都难不倒；时而又觉得自己好像一事无成，什么也不是。

她总是喜欢给自己制订很多很多的计划。比如，去游泳的两周前就开始准备减肥，决心两周内减掉 5 公斤，或者一周读两本小说等等。在制订学习计划的同时，各种聚会也一个不落，因为她觉得自己可以两者兼顾 。但是这样紧凑的计划，从实行第一天起就遇到了困难。最后的结果是，一切都没有按照计划进行，对此善玉感到非常受挫。

“为什么别人都很顺利，到我这儿就那么难呢？”

把“意志薄弱”当借口的心理分析

她总是制订一些与自己实际情况不符的计划。要知道，别人与她永远不一样。而且，她也不知道别人的计划。当我们只看到结果而忽视了过程的时候，往往觉得一切都来得非常容易。一本365页的书，如果要在一个月内读完的话，每天必须要读10页以上。如果要在一周读完的话，每天就得读50页以上。但，如果仅仅因为今天没能完成任务而感到悲观失望的话，就很难按计划把一本书读完。所以，不要因为一件小事而大喜大悲，要时刻望着最终目标，克服短暂的失落与绝望。

每个人的身材不同，能力不同，兴趣不同，目标值也不同，所以制订计划的时候，一定要“量身定做”。如果你觉得自己是那种开始容易放弃也容易的类型，那么在制订计划的时候，就需要更加细致。把一个长期计划分成几个中期计划和短期计划，每天按时完成力所能及的量，这样才能持之以恒。

在这个过程中，非常重要的一点是“成功的经验”。如果一开始就制订一个非常庞大的计划，势必会碰壁，导致再无挑战的热情。倒不如在路途中设立一个个分目标，一步一步完成，这样随着“满足感”逐渐积累，会产生挑战更高目标的勇气。

在制订计划的时候，还有一点非常重要。那就是，不管是什么计划，最好只把目标订到80%就可以了。很多人在制订计划的时候，都野心勃勃地想要把自己的潜力最大限度地发挥出来，所以难免会觉得只制订80%的任务量有些温吞。但是，想想我们每年在年初制订的新年计划，或者每月计划的最后完成情况吧。普通人在制订计划的时候，并不能做到足够客观，人们往往有高估自身能力的倾向。再加上所有事情都会遇到变数，解决这些变数的过程必定会耗时耗力，这也会影响原计划的完成。

所以，为了让我们装满斗志的计划不在一开始就遭遇流产，我们还是把期待值稍微降低一些为好。而且，如果觉得计划制订得比较难，最好从简单处慢慢执行，这样才能确保计划的顺利进行。

人常说，三分钟热度。所以我们需要做到的是，每天“温故而知新”，不忘提醒自己按时完成计划，并且每日都要跟踪计划的完成情况。可能的话，把你的计划告诉身边的人，让更多的人参与到计划的实施中来。

把“意志薄弱”当借口的心灵配方

制订计划要合理而具体，
不能模仿别人的计划，
只有摸索出自己的完整方法，才是最有用的。
计划制订得越细致越好。

只制订可能完成量的 80%。
量力而为，
不要制订过高的目标，
否则会因无法达成而备受打击，
从而过早放弃实行计划。

时刻提醒自己按时完成计划，
每天检查计划的完成情况，
并加上反馈。

无精打采，无法集中精神

正在准备高考的仁静最近陷入了低潮期。她其实比谁都努力勤奋，但是连续三年的复读，使得她对自己的自信逐年降低。最近经常呆呆地坐在书桌前，任时间流逝。

听讲过后，也不太记得老师讲的内容；也没有兴致与人见面。原本计划好的事情，被自然地一拖再拖。对任何事情都打不起精神，觉得一切都变得索然无味。虽然觉得生活应该发生一些变化，但现阶段又无法放弃高考……这一切都让仁静非常郁闷。

原本怀着无限热情和希冀开始的事情，经过了三年的“磨砺”，已经失去了当年的信心。但是如果放弃这条路，又不知做什么好，因此心中更加焦急。虽然心中知道现在时间宝贵，一刻都不能耽误，但身体就是不听话，这到底是什么问题呢？

无法集中精神的心理分析1

虽然不想拖泥带水，却力不从心——我们从仁静的状况中可以发掘出更加深层的心理原因。当我们被忧郁或不安等负面情绪侵袭的时候，就很难集中精神做我们应该做的事情。

这个时候我们往往会先自我训斥或者自责，而不是认真审视自己正处在忧郁或不安状态中的内心世界。负面的情绪会吸尽我们的能量，但不明真相的我们，往往还会因为事情没有进展而不断催促自己，这样一来，负面情绪就会更加猖獗，并像黑洞一样吸尽我们所有的能量、击垮我们的意志，从而完全掌控我们的心智。这就是为什么不管我们做什么，都会觉得毫无乐趣，且非常容易感到疲惫的原因。

以下内容是从抑郁症研究领域的大师 Beck 的 Beck 抑郁问卷中抽取的有关抑郁症的症状。虽然除了抑郁症之外，其他心理原因也可能导致我们动作拖沓，但抑郁症是较有代表性的一种。我们可以参照以下几点来审视自己以及身边朋友的状况，不要因此而感到自责，坦然接受这种不安和忧郁的情绪。

* 觉得自己太悲伤太不幸，简直无法忍受。
* 觉得自己的未来一片灰暗，没有希望。

* 对自己的一切都感到不满，厌烦。
* 常常沉浸在自责当中。
* 觉得身边发生的所有的坏事都是因为自己。
* 以前感到厌烦的事情，现在连厌烦的力气都没有了。
* 对周围的人和事，提不起一点兴趣。
* 不管做什么事，都非常严格地鞭策自己。
* 比平常早醒几个小时，而且一旦醒来就很难入睡。

以上这些都是抑郁症的具体描述，但并不意味着有以上情况就都属于抑郁症了。具体情况还要详细咨询心理医生。当忧郁的乌云渐渐散去，我们就会看到更加明朗的晴天。就像雨后的大地会变得更加紧实有力一样，我们也会变得更加意气风发。

无法集中精神的心理分析2

除了抑郁症之外，关于“自我”的很多概念，也是导致拖沓的心理原因。自尊，自信，自画像都属于此类范畴。

仁静在经历了种种失败之后，自信心基本上已经“支离破碎”。如果原本自尊心就不强，再加上各种自我谴责，内心势必会觉得难以渡过难关。“我努力了也不行”，“我只能这样了”，“即使努力了又能改变什么呢？”这种消极的想法会在我们还没有开始一件事的时候，让我们的视野变得浑浊。把自己评价得这般一文不值，自然无论做什么都会感到害怕。对于有时拖泥带水的自己，也会急于给自己贴上“懒惰，没有意志力”的标签。其实，包括拖沓行为在内，所有消极行为背后，总是藏有不懂得尊重和爱护自己的心理。

这“自画像”之所以会变得支离破碎，很大程度上与生长的环境和生活经历有关。但是，过去的已经过去，当下却是可以改变的。为了改变，现在就要剔除过往的所有自责。

把“我非常懒惰，而且没有意志力”改为“我可以做到，我现在做的事情非常有意义”，并相信自己。别人给出再好的建议和箴言都没有用，最后还是要看自己。毕竟，能够带来改变的，只有自己而已。

“无法集中精神”的心灵配方

检查一下自己抑郁或不安的原因，
是否因为压力太大。

压力大会导致紧张、焦虑、挫折、急迫和
苦恼的情绪。
一旦这种情绪超过一定的限度，
就会削弱人的志向以及追求目标的行为。

在感到疲惫的时候，
不要一味自责，
先认真审视自己的内心世界。
多方寻求别人的意见，
寻求支持的力量或情感上的慰藉。
回顾一下自己是如何评价自己的，
要对自己好一些。
剔除自责心理，
常常进行自我肯定。

从现在开始，不要再拖了

前面我们已经讨论了很多出现在我们生活中的借口以及我们总是把事情合理化的倾向，并且研究了暗藏其中的各种心理原因，最后我还想补充几点。

其中一点，是关于“拖沓的标准”。有的人十分麻利，信奉工作至上。但有些人更喜欢轻松悠闲，信奉关系至上。即便是对同一个人的行为，每个人的评价都是不一样。尤其是在如今这样一个拿结果说话的社会，一个不拖沓的人，也可能被称为“懒人”。所以，人们出于一定要做出点什么的心理，变得越发不安，并伴有强迫心理。

每个人都拥有各自不同的速度计以及能量的接收点。也许你觉得自己行为拖沓，殊不知在别人眼里，你还挺速战速决的。所以，在急着对自己拖泥带水的行为进行自我批评之前，在你想要抱怨别人的“速率”之前，请先停留片刻。好好想想，我们是不是在用别人的“时间表”来衡量自己？我们又是不是在用自己的标准丈量别人呢？

另外，我还想说明一下“未解决课题(Unfinished Business)”的概念。所谓“未解决课题”，其实属于心理治疗范畴上的用语，意为因为心理上的原因而没有完成的个人课题。比如，在跟父母吵架之后，本来想说一句“对不起”，却迟迟说不出口；或者在经历了一次大的失败之后，没能正视错误，只知一味逃避；或者本来应该收到来自某人的一些东西却迟迟没收到……这些都可以称做“未解决课题”。这些让我们有所顾忌和让人不安的“包袱”都可以算做是未解决课题。问题是，当这样的未解决课题越来越多时，我们将寸步难行，总是被过去牵绊。

那么，大家身上的未解决课题都有哪些呢？也许，对于有些未解决课题来说，存在有效期和截止日期的问题，但是有些完全可以随时解决。同时，也有些课题，如果现在不解决就再也没有机会了。如果在你身上也有这种时效性非常强的课题，那么请马上解决它。没有什么比解决掉一个沉积已久的课题更让人痛快淋漓的了！

再也不要把“我知道，但是……”当成口头禅了！请先认真审视这一而再再而三的借口后面暗藏的心理原因，再一步步地解开心结。一个，两个……就这样从小处做起，把难题一个个解决掉，你的人生将从此变得顺遂而畅快。

改掉拖泥带水的习惯

1. 大家如果在日常生活中有拖泥带水的习惯，那么希望首先从哪些方面开始改善呢？

2. 然后，请列举出人们浪费时间的原因和常常说的借口。从中找到符合自身情况的选项，并画上圆圈，由此了解导致自己拖泥带水的原因。通过这个方法，可以更加明确地知道，自己应该从哪些方面开始着手改变。

浪费时间的因素：

电话，不速之客，见面（不管是约好的，还是没约的），目的不明确，截止日期不分明，周遭情况无序，参与到与他人相关的杂事中，一次性想做很多事，低估事情完成所需要的时间，优柔寡断，无法拒绝他人的请求等。

关于拖泥带水的辩解：

忽视：不知道这件事需要我来做。
固定习惯：我一向都是这样的，积习难除。
惯性：要开始真的很难。
记忆问题：忘记了。
技术不足：不知道方法。
身体问题：身体不好，没法完成。
看似合理的拖延：正在等待时机，需要一些思考时间。
侥幸心理：这次考试应该会很容易，船到桥头自然直。

3. 纵观那些有拖延倾向的人，她们大多数无法进行合理而符合现实的思考。通过以下表格，大家可能会找到曾经在自己脑海中浮现多次的不合理、不符合现实的想法。请大家将这些想法统统转换成右手边的合理思考。

不合理的思考	合理思考
我现在没有做这件事的心情	心情不会帮助我做任何事情。行动起来才会让事情有所改观。再说，我也不能保证明天心情就会好起来。如果要等到心情好了才来做这件事情，黄花菜都凉了。
我本来就很懒	懒惰这个借口只会让我意志消沉。课题有什么难的。只要开始了，就肯定能完成。唯有开始做了，才有完成的希望。
这么多怎么能做完？	走出第一步很重要。每天做一点总比什么都不做好。十分钟也好，全神贯注地去完成需要做的事情。
如果这次失败了，就代表我是毫无能力毫无价值的人。	完成任务的过程就是体现自我价值的过程。能力强的人也不能避免失败。

4. 抽出时间来描绘一下“正在拖延时间的现在的自己”与“按时完成任务的未来的自己”。闭上眼睛，比较一下这二者的区别。为了改掉坏习惯，我们需要同化自己。

大家一定还记得，在本章节初始，一位在A4纸上把自己描绘成被各种未完成的任务压得手足无措的小女孩。这个学生在结束了心理治疗之后，回去再一次描绘了“未来的自己”，这次画出的场景是：她站在中心地带，手中拿着五彩缤纷的气球，这些气球再也不是她的负担了。与其一拖再拖，被任务牵着鼻子走，不如以轻松的心情时时掌控任务的完成情况。如果是你，会画出怎样的图画呢？你，又想变成什么样子呢？

“倾囊相授”2和3的内容参见金正熙论文《集体训练克服习惯性拖延的效果验证》。

Chapter Ⅱ
容易受伤的女人

虽说“男人不坏，女人不爱”，但爱上坏男人等于吸毒，迷恋坏男人，不啻于饮鸩止渴。

女人是水，遇火则干，遇冷则冻，遇风则起。“好男人不会让心爱的女人受一点点伤。”转身离开，摆脱坏男人，走向好男人。

“呵呵，姐姐，不知道为什么我就是喜欢坏男人。为此受伤了好几次，我还是不可救药地喜欢。”

在某个夕阳染红了天空的下午，我和师妹坐在咖啡馆里，师妹笑嘻嘻地对我这样说。日落之时，咖啡馆里聚集了很多如我和师妹这样三三两两的朋友，大家聚在一起悠闲地聊天。在这种地方，最常听到的就是有关异性的话题。

我对师妹的话有些惊讶。为什么不喜欢好男人，偏偏喜欢坏男人？而且为什么觉得坏男人比较好？我完全不能理解。师妹说坏男人很有型,这话倒是不难理解。这样想来，刚才师妹还没来的时候，我已经听见身边不少人在讨论坏男人的话题了。可能是许久没见的朋友们好不容易聚在一起,她们热火朝天地聊着,激动的声音在整个咖啡馆里飘荡。再没有比“你不知道，那个人对我有多坏”更让人兴致盎然的话题了。

早前还有人写过这方面的论文。当时写论文的研究者们以“咖啡馆中最常聊的话题”为主题展开了调研。为此他们去了咖啡厅，在那里探听人们的谈话内容。也就是说，在咖啡厅里面聊天的人们无意中被动参与了这项研究。最后研究者们总结得出，在咖啡馆里人们最喜欢谈论的话题就是“异性”。这其中，唯有坏男人的话题可以获得女性朋友的更多共鸣，并且可以互相安慰，增进感情。

真是奇怪。一方面，有那么多人用大量的精力去抱怨坏男人的种种不好；另一方面，却有一部分人仍旧迫不及待地想要跳进火坑。与坏男人交往，必然会带来坏的关系，这是明摆着的事，而且坏的关系会破坏一天的心情。“坏”的一天慢慢积累，就成了“坏”的一个月，慢慢的就是“坏”的一年。那么，为什么还是有那么多女人前仆后继地说“我就是喜欢坏男人”呢？

在其他领域，只要沾上“坏”字，人们都会唯恐避之不及的。没有人想要坏朋友，坏家人，也没有人喜欢坏上司。因为这些人明摆着会把我们的生活搞得一团糟。但是，唯独对于“坏男人”，人们的心态放松得多。很多人仍然大声告白：“坏男人即便有千般不好我还是喜欢。”那么，为什么人们明明清楚坏男人的不好，却还是陷入其中呢？

在本章中，我们要重点分析一下坏的关系可能带来的致命性的结果。我们会看到，当女性特有的关系至上、依赖性、感性、自我牺牲等特点在情感关系中过度凸显的时候，就很容易落入“坏男人的圈套”。为此我们需要一起探讨让自己解脱出来的方法。

存在的问题

1. 明知道不应该在一起，却断不了。
2. 分不清什么是好的关系，什么是坏的关系。
3. 仍在会带来伤害的关系中停留。
4. 如果朋友们不赞同，就索性连朋友都不见。

好男人、坏男人，傻傻分不清楚

为什么明明想要分开，却无法从一段坏的关系中走出来呢？这是在所有课题中，我个人最不理解，也是最想要弄懂的一部分。对此，我后来了解到，关于“坏男人和坏的关系”的概念，普通人的理解和偏爱的人的理解完全不一样。也就是说，那天在咖啡馆里师妹所说的那种坏男人，和坐在我旁边的那个女人（貌似已经跟坏男人交往很久）正在声讨的坏男人，显然是两种概念。

也正是这种概念上的混淆，才让有些女人对坏男人完全没有抵抗力。她们对坏男人抱有各种各样的幻想，而我们的社会也过度强调了坏男人的魅力。正是被过度渲染了的魅力，“稀释”了坏的本质。

师妹之所以喜欢坏男人，是因为她想要的是“像电视剧或电影里的那种性格乖僻、孤独、有点‘狼性’，内心却无比纯真的魅力男”。也就是说，她喜欢的是那种表面上看起来坏坏的，心地却非常善良的男人。但是，问题在于人心隔肚皮，我们很难区分哪些是表面上坏坏的内心却善良的男人，哪些又是表里如一的坏男人。

好男人和坏男人并不是那么好分辨的。也许你期待的是外表坏坏的心地却很善良的男人，但最后等来的却是彻头彻尾的坏男人，从此痛苦不已。

所以，我们有必要先来定义一下坏男人，以便更好地区分好男人和坏男人。为此，需要先抛出四个问题：

1. 我认为的坏男人是什么样子的？
2. 坏男人坏在哪里？
3. 坏男人好在哪里（为什么觉得坏男人很吸引你）？
4. 我们是如何陷进与坏男人的关系中的？

根据以上问题的答案，我们集中整理了一下坏男人的定义和特性。

坏男人不招朋友们喜欢

想要知道对方是不是真的坏男人，有个最基本的标准——那就是朋友们的评价。在敏在听完有关坏男人的几项提问之后马上说："朋友们都不喜欢他，所以跟他在一起很辛苦。我的朋友中有跟他交往过的，分手后对他的评价非常不好。所以朋友们都在责怪我。但是，即使朋友们不喜欢，我还是一直在跟他交往。”

在敏每次跟朋友们在一起的时候，就止不住唠叨这个男人的种种不是。说他是那种卡萨诺瓦似的人物，除了自己之外好像还跟别的女人有染，自己虽然很伤心，但还是跟他维持着这种关系。跟朋友们在一起的时候，她会把自己在男人那里积累的所有压力全都释放出来，并希望可以听听朋友们的建议。显然，所有的压力之源都在那个男人身上。但是即便朋友们给出了再好的建议，在敏就是不换男朋友。

“一开始我们也觉得气愤得不行，也尽量安慰在敏。所以每次见面的时候，都让她分手。但是她当时说要分手，事后还是继续与那个人交往。即使我们说再多也没什么用。后来索性也不说了。说再多，也没什么改变。”

坏男人是朋友们都不喜欢的男人。一个朋友不喜欢，可能是因为男朋友的类型不讨喜。但如果身边所有的朋友都异口同声反对的话，那一定是有原因的。而最大的可能性就是，这个男人并没有真心地对你好，所以你的朋友才不喜欢他。

自己的朋友遭到了不好的对待，她们当然会感到生气和郁闷。但是，当事人却只是嘴上发发牢骚，没有跟男朋友分手的勇气。虽然每天告诉自己要分手，却一直维持着原来的关系。

“每次她只会在我们这儿发发一些积累已久的怨气，然后在获得些许力量之后又继续去跟那个人交往。”

坏男人是自私的

关于坏男人的定义，著名的女性咨询专家金敏艺淑教授是这样回答的：“坏男人只关心自己获得了什么，而不在意对方想要什么。”

他们之间是典型的剥削关系。男人只有权利和要求，而完全不用承担义务和责任。男人只关注自己想要的是什么，完全不理会对方的需求。而且，他们还常常厚颜无耻地提出很多无理的要求。

秀妍的前男朋友就是这样的。一开始秀妍非常喜欢他。当时他正在准备司法考试，所以情绪比较敏感，秀妍在很多方面都尽量配合他。但是，渐渐地，他变了。在他们刚开始谈恋爱的那一个月，别提多甜蜜了。他总是能第一时间捕捉到她在想什么，并且想方设法让她开心。秀研很高兴，觉得自己终于遇见了真命天子。但当一个月的甜蜜期悄然而去，他便开始折磨她了。

“我当时眼光有问题。看他开始对我挺好的，就轻易打开了心扉。”

但问题在于，即便秀妍看到了他的变化，认识到了问题所在，也没有立刻结束这段关系。明明知道他是个永远以自我为中心的主儿，对别人的事情毫不关心，却还是拖拖拉拉地与他交往了一年。如果说，彼此喜欢的时间只有一个月的话，那么剩下的十一个月就是煎熬。但奇怪的是，当这段关系终于结束了的时候，秀妍反而更多地责怪自己。

坏男人讨厌喜欢自己的女人

著名的心理学家、畅销书作家苏珊·福沃德（Susan Forward）对亲密关系中暗藏的微妙而致命的“毒”颇有研究。她把坏男人称为“Misogynist”，意为讨厌女人的人，这个词源自于希腊语。苏珊说，那些虽然没有带来直接暴力，但却掌控女性，妨碍女性自我发展和成长的坏男人都属于“Misogynist”的范畴。

这样的男人可能是在成长的过程中缺乏了某种关爱，所以长大后特别害怕在亲密关系中遭受挫折。尤其是不能忍受被女性伤害。所以，这类男人最为残忍的一点是，他们不喜欢女人倒贴。

智妍是这样说的：“好像我越喜欢他，他就越讨厌我，嫌我烦。所以我觉得自己很悲惨。其实一开始不是这样的。刚开始的时候，反倒是他比较喜欢我。但现在完全倒过来了。爱得越多，反而越不利。”

对于自己喜欢，同时也喜欢自己的女人，坏男人们总是随意对待。他们对强烈的情感缺乏安全感，对于所有的关系都感到不安，甚至危险。他们随意对待他们的女朋友，就好像在挑战对方的极限，内心独白是："我这样对你，你还不离开我？"他们就是接受不了自己也想有人爱的事实。

坏男人都外强中干

这个世界上所有的"弱小"都会转变成"邪恶"。坏男人的内心其实非常柔弱，所以才需要坚硬的盔甲来保护自己，这样才能与世界作斗争。他们的人生，信奉"不是你死就是我活"的信条。在他们眼里,爱情并不是平等的沟通，而是征服的表现。

因为软弱，他们需要紧紧抱着"我很强大"的幻想。然而幻想并不是现实，幻想与现实之间的鸿沟会造成持续的不安。这种不安，让他们在男女关系中也不能完全自在。即使在面对自己的时候，也不能卸下伪装，放松警惕，还不时地"虚张声势"。正因为不能被打败，不能被轻视的观念太过强烈，才导致他们在与人相处的时候总是先去轻视别人，想要在各方面都高人一等。

在一次聚会中，我听到了一堆男人的谈话：他们满嘴跑火车地描述自己如何征服女人，有的人还吹嘘自己交往过多少女人。对于他们来说，女人就是征服的对象。

他们对进入视线的女人一一评分、划分等级。身后还不断传来这些男人夸夸其谈的声音，对此我感到无比震惊和失望。我告诉自己，“也许他们还是不经事的小孩儿吧”。但当我抬起头看到他们的正面的时候，我再一次震惊了。听他们讲话的内容，我以为他们应该是对世界有诸多不满的青少年，但正面一看才发现，他们其实是比我还要年长的健壮成人。

也许他们是出于吹嘘的目的才这么说自己的女朋友；也许他们私下对女朋友很好，但不管怎样都不能阻止我给他们打上坏男人的标签。因为他们用一种“恶”的方式表达了自己的“弱小”。曾经受过伤害内心脆弱的人，非常容易变坏。他们的弱、他们的恶都会原封不动地投射在人际交往中，所以跟这样的人在一起会非常痛苦。

当我们发觉了坏男人的脆弱，或许会同情心泛滥，觉得“他没有我就不行”。如果是这样，关系模式就固着化了。的确，也许坏男人脆弱的心灵需要帮助，但是一个人的努力根本起不到任何作用，反而会助长他们由“弱”向“恶”。

到目前为止，我们已经了解了一些坏男人的特性。总体来说有以下几点：

1. 当你的至亲挚友，以及所有爱你的人希望你不要跟那个人在一起，并且跟朋友谈起他时你总是难以启齿。
2. 在你们的恋爱关系中，男朋友只是一再地索取，而不愿意为你付出什么。也许在恋爱的初期，这一切还不明显。但是一旦进入到深入交往阶段，一切都会原形毕露。而他无意为你作出任何改变。

3. 也许因为过去受过伤害，他对于亲密关系不抱任何信赖，尤其对喜欢自己的女人随意对待。

4. 为了维持“内心强大”的幻想，甚至可以“牺牲”你们的关系。

怎样的女人更容易被坏男人左右？

不是所有女人都对坏男人束手无策，也不是所有女人在与坏男人恋爱之后都难以抽身。有的时候，对坏男人的抵抗力完全取决于我们的心理状态。

那些喜欢坏男人或无法离开坏男人的女人们，从深层心理上讲认为坏男人身上“坏”的特性在一定程度上可以带来心理“益处”。也就是说，没有人会毫无缘由地被坏男人吸引。

恋爱经验不足，不识人

如果你还小，还没有谈过一场真正的恋爱，对男人还没有判别的能力，急于进入一段恋爱关系，对自身的魅力还不够确信的话——那么，就极有可能被坏男人吸引。

罗密欧与朱丽叶一见钟情的火热爱情最终以悲剧收场。他们的爱情足够强烈，却对“真正的天长地久”没有足够的思量。在声称喜欢坏男人的女人中，很多人根本没有真正地爱过，不清楚自己真正想要的是什么，也没有真正因此受过伤害。

为爱疼过的人，会更清楚自己想要的是什么，也会慢慢懂得判断对方是否可以给予自己幸福。她们会知道，一段不成熟的恋爱关系对双方来说都不是一件好事。尽早结束这样的恋爱关系，也算是对还不懂如何爱别人的对方的善意提醒。她们会明白，这个人之后，还会有人以更好的方式来爱自己，因此在一切都还能挽回之前，尽早收场。

心理医师韩志仁老师曾经对我那20多岁、对坏男人抱有幻想的侄女这样说过：“你可以随着性子来。但总有一天，你会为你的选择付出沉重的代价。虽然现在我的话你听不进去。”

随后她还说，没有任何东西比经验更懂得教会一个人，什么是好，什么是坏。所以对于我侄女与坏男人约会这件事，她丝毫不担心。

习惯牺牲

如果能通过过往不愉快的经历，培养看男人的“慧眼”的话，那也没什么好担心的。不过很多人所谓的吸取经验，往往只停留在表面。时间过去，便不以为然了。即使曾经跟坏男人在一起后分手了，只是当时觉得有点伤自尊，或伤心罢了。她们总觉得，每个人在恋爱的过程中都会受伤，而不去追究更深层次的原因。

很多女人喜欢坏男人并不全是因为稚嫩、恋爱经验不足，而纯粹是从很早以前开始，她们就习惯于这种关系模式了。正因为这样，她们才愿意跟坏男人交往，而且明明知道是一个“坏”的关系，却迟迟无法割舍。

让我们来看看载雅的例子。她在所有的关系中，都属于奉献和牺牲的一方。不管对谁，都以对方为主。不管是在家庭关系中，还是在朋友关系中，她都是照顾别人的一方。

她习惯性地关注别人想要什么，而不是自己的愿望。她不会强烈地表达自己的主张，而是会臣服于集体意见；更不会做出不合礼仪之事。

而当这种关系模式从家庭关系、朋友关系中延伸到男女关系时，就比较麻烦了。其实她本希望从男朋友身上得到自己在其他关系中所“缺失”的部分，也算是一种叛逆吧。但结果是，每次当男朋友强烈要求什么的时候，她又会败下阵来，觉得自己应该满足男朋友的要求。就这样，在与极度以自我为中心的男朋友相处的日子里，载雅痛苦不已。

但最关键的问题是，所有的纠结并没有因一段关系的结束而终结——她谈的所有男朋友，几乎都是这种完全以自我为中心的自私男人。

为什么她选择的男人都是同一类型？问题就在载雅的

“关系模式”上。也就是说，所有的症结都在她自己身上。不管她一开始找的是怎样的男人，时间长了之后，都会“退化”为坏男人。

综观载雅的恋爱史，仿佛就是一个锁头找钥匙的过程，锁头一直是那个样子，因此找到的都是那些“要求对方作出牺牲”的男人。通过她的故事，我们了解到，如果不改变自己的关系模式，如果一直以“牺牲者”自居，那么来到身边的必然只有坏男人。

自卑，吸引坏男人

自卑，也是吸引坏男人的要因之一。如果两个自卑的人在一起，女方会自动顺应社会的“男女角色”安排，变身为被动和牺牲的一方；而男方则把男性的攻击性和剥削性发挥到极致。

自卑，可以说是心理领域的黑洞。在导致一段关系破裂的众多原因中，除了坏男人之外，自卑是第二大要因。一个不懂得自我尊重、自我爱护的人，自然也不相信自己可以从别人那里获得尊重和爱护，因此总是不断地试验对方给予的爱，折磨对方。同时，“自己不过如此”的心理暗示，也让她即使在遇到真正的好男人的时候，也不会被轻易吸引。因为她们觉得，怠慢自己的坏男人反而是最适合自己的，好男人可望而不可即。

就这样，坏男人性格和行为上的“缺陷”反而成了应该被怜爱的理由。不管身边的朋友如何劝阻，她们都觉得应该庇佑男友。其实，这种庇佑既是对坏男人的怜悯，同时也是对自己的怜悯。正因为她们自小从没有过“你是最棒的”的感觉，她们才会对对方的瑕疵报以怜悯。在她们看到对方身上的缺点的时候，就好像看到了自己内在的缺点一样。

对于她们来说，接受“完美好男人”反而有负担。她们会下意识地觉得这样的好男人不能理解和包容自己身上的“缺陷”。所以，对于爱惜自己的人她们总会随意对待，而面对毫不在乎自己的坏男人，反而会怜爱有加。与坏男人之间的坏的关系，只会进一步深化“贬低自己”的心理。而当心理建设逐渐崩塌的时候，她们也很难从这种关系中走出来。

依赖导致沉迷于坏关系

如果说，经验不足和习惯性的牺牲心理，是开始一段“坏的关系”的初始原因，那么高度的依赖性，则是交往之后明明知道不适合，却无法结束的另一要因。

我们的社会，对于男性和女性的教育方式完全不同。在教育男性的过程中，主要偏向于独立性、自主性，以及进取性；而对于女性来说，则更注重依赖性、感受性以及人际交往的培养。虽然随着社会的变迁，进取心和人际交往能力成为了男女都该具备的能力，但是女性仍然显得比较被动，依赖性也较强。

心理学家卡罗尔·吉利根（Carol Gilligan）曾通过“关系中的自我（Self-in-Relation）”这个理论来说明“他人”在女性精神世界的重要性。在女性的“自我概念(Self-Concept)”里，她们更倾向于强调自己的关系性。比如，她们做自我介绍的时候，相较于介绍本人，更喜欢强调自己所属的关系。尤其是异性关系，是女性自我构成的非常重要的一个部分。

由此可见，高度依赖性是所有想要脱离苦海的女性们最先要克服的障碍。很多人之所以无法结束一段坏的关系，就是因为在她们心目中这段关系非常重要，她们对此非常依赖。

前面我们曾提到过，坏男人一定是被朋友们讨厌的那种男人。男人们即使在两性关系中遇到问题，一般不会对朋友倾诉，所以基本上身边的朋友不会明确地指出谁谁是坏女人。但是闺蜜之间则不同，她们经常会聊起男朋友对自己怎样，自己对男朋友又有怎样的抱怨等等。朋友们的支持和肯定，对于女性来说非常重要。但是当她们遇到的是坏男人的时候，大多数朋友都不会支持她们的选择。而坏男人又有一个通性——限制女友跟朋友们的交往，将其孤立。就这样，她们慢慢地远离了朋友，只能更加沉迷于恋爱关系。

很多人往往在交上异性朋友之后就会切断所有与外界的来往，也有人天生在友情和亲情方面就比较淡泊。这样的人在遇到坏男人的时候，最容易陷进去。即便是身边泛泛之交的朋友，也会坚决地举起反对旗；与此同时，习惯于要求女人做出牺牲的坏男人也会进一步限制对方的社交活动；另一方面，女性在等待一个男人的过程中，更习惯于孤独的状态，这样一来，她们对于恋爱关系的依赖性就进一步加强，问题也就更严重了。

这就好像，我们可以获得心理慰藉的地方变得越来越小。信奉“关系至上”的女性，需要更加广泛而丰富的交流，需要可以相互支持的心灵园地，然而因为各种原因，这片园地却变得越来越小。最后只剩容得下与坏男人爱情的狭窄而贫瘠的土地。在这段关系里，女人势必会觉得压抑，辛苦，但是又不能舍弃这最后一片土地。因为朋友和家人都已远去，自己再无路可退。

沉浸在幻想中的女人，更容易迷恋坏男人

有一部几乎打破了所有女人幻想的电影《他其实没那么喜欢你》(*He's Just Not That into You*) 中的第一个场面意味深长。在这部由《欲望都市》(*Sex and the City*) 的唯一男编剧撰写的同名作品改编的电影中，有一个正在哭泣的女孩和在一旁安慰她的另一个女孩。

那个身着公主裙的金发女孩正在伤心。她本来正在院子里玩，可是有个调皮的男孩总是过来欺负她。正在她伤心的时候，她的朋友过来安慰她说："不要太难过了，他是因为喜欢你才会这样的。"

小女孩很疑惑，男孩到底是不是因为喜欢我才来欺负我的呢？如果喜欢的话，就应该对我好点啊，为什么要欺负我呢？但是女孩擦干了眼泪，决定相信朋友的话。她相信，那个小男孩一定是因为喜欢自己才故意来欺负自己。我们从小就听说这样的话："喜欢你，所以欺负你。"

这一心理定式，一直到十年、二十年后依然适用。当女孩长大成人之后，每次因为男女关系而感到痛苦时，她也总会像小时候那样，用这个借口将所有事情合理化。有时，对于男友的各种借口照单全收；有时也会自己给自己找理由，将男友的种种行径合理化。

有时，女人也会用同样的方式安慰正在伤心的姐妹淘。比如："他们只不过不会表达而已"，"但是心还是好的"，"现在可能有什么苦衷吧"。说这些话，都是因为不想让失望中的朋友再进一步受伤。刚开始还可以安慰"他还是关心你的"，"一开始的时候不是对你很好嘛"，但是久而久之，如果情况并没有任何改善，也只好小心地对朋友说，"还是面对现实吧"。因为再多说已无益。

但是，当局者迷。那个小的时候常常折磨你的淘气小男友，现在渐渐少了联络，忽略你的感受，不接受你的爱意，而你还深陷在幻想中，无法自拔……这，都是因为我们还不够强大，无法面对一个残酷的现实——那个我们爱的人，实际上是最最折磨我们的人。

坏男人也分等级

此前我们已经见识了坏男人的各种面目，以及沉溺在坏男人的怀中无法自拔的女人们的心理特性。坏男人固然是有问题的，但是迷恋坏男人的女人同样也不可避免地存在一些心理问题。因此才会明知有问题，却无法自救。但是，在一段关系中，往往很难明确地定义或界定什么是好男人、好的关系，什么是坏男人和坏的关系。人也不能因为一次犯错，就被定义为“坏人”。

而且，我们也不能只看表面现象就把一个人归结为坏人。在对女朋友不够好的男人中，不排除有些人虽然心里很想对女朋友好，但是却因为心理障碍，反而给对方造成了伤害。这就是我们所谓的“关系”，关系不是一个人的事情，必须以两个人的互动为纽带。在这段关系中，男女双方必须正视对方，努力在当下的每个时刻作出最佳选择。

其实，在所有的关系中，都含有“坏关系”的危险因素，都有可能转化为让彼此痛苦的关系。也就是说，一段不好的关系，并不仅仅是因为一个坏男人，一个难以自我解脱的女人，又或者是在一旁观望的人造成的。有时，因为我们从未被意识到的心理原因，我们会肆意对待别人，也会允许别人随意地对待自己。而这种心理如果在亲密关系中出现，其影响微妙而致命。所以，我们需要制订更为明确的标准，从而帮助我们及时分辨到底什么是好的，什么是坏的，又在什么时候可以明确地得出以上结论。

Level 1 不关心（Disinterest）

珠妍已经盯着手机足足六个小时了。她的男朋友平时不怎么联络她，尤其是在工作繁忙或者见朋友的时候，更是常常一天没有音信。

“我觉得他心里根本没有我。每当他跟朋友们玩通宵，一整天没有音信的时候，我总是一个人暗自担心。因为担心，所以焦躁、发火，但只要他说一声对不起，我就一下子心软了。我都对自己无语了。”

她的他并不是一开始就这样。刚在一起的时候，两人如胶似漆，男朋友每天都会准时联络她，如果有事或没带手机也会提前告诉她。因为他知道珠妍会担心他，要常常联络才能让她安心。但是他却变得无所谓。然而，他越不联络，越不在意，珠妍就越心急，越是一心等他的联络。

有些男人，从一开始对亲密关系就报以消极和回避的态度。即使在小时候，本应该与父母关系非常紧密的时期，他们也没有表现出过多的亲昵和依赖。不管做什么，他们总觉得一个人比较自在，要接受另外一个人来到他的世界，需要很长的一段时间。他们在交女朋友的时候，也希望彼此之间可以留有独立的空间，可以彼此尊重。

这类天生就比较回避的人，与后来才“变得”回避的人，有着本质的区别。“变得”回避的人，即使可以联络，也不去联络，这一点真的很坏。对于像珠妍这样非常重视互动的人来说，不管是原本就属于回避型的人，还是后来变成回避型的人，都应该属于坏男人的范畴。越是期待对方联络，对方就越不联络时，便会觉得对方十分可恶。

对女方毫不在意，总是回避的男人，属于坏男人中的Level 1。尤其是对于非常渴望被精心呵护的女人来说，这样的男人实在是很坏。

Level 2　操纵（Manipulation）

素妍已经不知从男朋友那里听到多少次分手了，如今她已经对这种随时可能降临的分手通知身心俱疲。他的男朋友非常敏感和情绪化，很容易因为一些小事受伤，也经不起别人开任何玩笑。不管是谈恋爱还是其他事情上，只要觉得情况不利或有种被逼到墙角的感觉，他就会发出

“分手通知”。跟这种人交往，就好像处于狂风暴雨之中，又好像坐过山车。有时，难得的平稳期，在素妍眼里，也有可能是暴风雨前的宁静，因此备感不安。这次的分手通知，也是因为她没有顺着男友的意思去做。

素妍的男友有一种惊人的“能力”，他可以将所有的感情问题都归结在素妍身上。按他的说法，好像什么都是素妍的不是。每次听到要分手的话，素妍固然也会伤心，会受伤，但是她第一时间想到的是，男友也会因此难过。每次下定决心说分手，却总是因为男友的回心转意而复合。

在恋爱关系中，总是试图支配和操纵对方感情的男人，属于坏男人中的 Level 2。他们比 Level 1 的不关心更坏的原因是，他们的行动具有意图性。他们通过自己的方式操纵女朋友的感情，以获得自己想要的结果。

Level 3　剥削（Exploitation）

比不关心和操纵更具意图性的就是“剥削”了。剥削，就是以爱情之名，向对方提出过多要求，贪婪地榨取自己想要的东西的行为。这种行为，可能是情感上的，可能是肉体上的，也可能是经济上的。

比如，自己疲惫的时候急于寻找情感上的依靠，但当对方需要的时候，却不给予任何回应；或在一起的目的只是为了满足性欲；或者以囊中羞涩为借口，让对方负担全部的约会费用等等，都属于剥削行为。这些行为大都隐藏得非常巧妙，几乎不露痕迹。这样的男人，基本上可以归类为坏男人中的 Level 3。

Level 4　暴力（Violence）

最后一类，是坏男人中最具有意图性和暴力性的人群。他们不懂得分辨暴力、爱情、沟通与征服之间的区别。如果说，此前几个级别的男性至多是把女朋友当做了自己的所有物，那么最后级别的男人，则把女朋友当成了排解挫折的“出气筒”。

暴力，包含有蔑视对方的语言暴力，有推拉殴打的身体暴力。跟踪和威胁，也属于暴力的范畴。如果在约会阶段出现了以上情况，我们可以将其称为“约会暴力”。

属于 Level 4 的恶劣男虽然并不太多，但是如果对 Level 1、2、3 的坏男人放任不管的话，也极有可能发展成 level 4。所以，在彼此的关系没有进一步恶化之前，要么就一刀两断，要么就扭转关系模式。当然，关系模式是在日积月累中形成的，要扭转也不是一朝一夕之事。

如何彻底摆脱坏男人？

爱情，总是与幻想如影随形。坏男人又总是非常懂得利用这层幻想的谜障。有时候，他们会散发出令人难以抗拒的魅力，好像他们永远知道我们想要的是什么。他们时而强悍，时而无心。他们常常会让我们有种错觉，好像只有我们才是真正了解他们的人；也总是有办法让我们觉得，在共同经历过恋爱中的千辛万苦，经过了爱情的长途跋涉后，他们一定会给予我们一份很大很大的补偿。就这样，沉浸在幻想中的女人们，往往只看到男人闪亮的表面就被迷惑，难以自拔。

但是，不要沉浸在幻想中了，让我们回到现实世界吧。时刻反思，他们也许并不是我们期待的那个人。他们总是抱怨连天，性格孤僻，不懂得体谅别人，并且总是带来压迫感。我们不要错把跟这样的人在一起时的紧张当成心动了。

人总是这样，亲切的人给予我们一如既往的亲切，我们从不在意；反而觉得“巴掌之后的糖果”更加美味。好像是积累了很长一段的紧张在一瞬间获得释放。从来没有被精心呵护过的人，被亲切对待时往往会觉得负担，反而对性格乖僻的人偶尔施舍的亲切心动不已。即便之后又回到了原来的乖僻，女人们永远只会记住曾经那一瞬间的好，一心期待着今后情况可能会有所好转。

幻想是甜蜜的，然而幻想过后，我们也不得不回到现实。前面我们分析了女人为何会对坏男人着迷。她们之所以会与这种男人交往，实际上是为了获得某种心理利益。但是，让我们暂时先忽略这些建立在幻想基础上的微小利益，认真看一看我们的真实世界吧。

站在这段一直以来给我们带来挫折的关系中间，要想直面现实，必然需要一个新的尝试和努力。通过努力，我们将远离此前已经“烂掉”的关系，寻找到更加适合自己的爱情。为此，请记住以下几点：

* 现在作决定，总比等到心碎成一片一片再收拾好。
* 不要妄想自己可以承担一切。
* “只有我才了解他”，这绝对是错觉。
* 怜悯，不是对他的爱，而是对优柔寡断的自己的纵容。
* 遇到一个懂得尊重自己的人。
* 离开，对他也是件好事，避免他继续“坏”下去。

* 朋友和家人都不看好的男人，一定有问题。
* 不要念着昨天的好，也不要期待明天的好，“现在的好”才是最重要的。

在前面，我们已经仔细整理了坏男人的特征，女人之所以容易被坏男人吸引的心理原因，坏男人的类型，以及如何看待这样的关系等问题。女性容易被坏男人吸引的心理问题，其实并不只表现在两性关系中，它可能会影响到所有的关系。这是我们所有人都该引起重视的。

看过了太多坏男人的不好，可能会让人家觉得这个世界上坏男人怎么会如此之多，因此对恋爱失去信心。但其实我写坏男人的目的，并不只是单纯为了强调坏男人，而是为了对照和凸显好男人的珍贵。也就是说，我希望所有的读者在读完上面的文章后，可以彻底地从曾经的无所适从中解脱出来，要么给现在的关系带来新的变化，要么干脆转身离开。再也不要让别人随意对待自己，尤其那个人还是男朋友。

虽然有些人嘴上说喜欢坏男人，但是本质上每个人都喜欢好男人。所以，要区分好男人和坏男人，不要被当面一套背地一套的坏男人迷惑，找个真正的好男人，跟这个男人打造幸福而健康的人生。

遇见好男人

1. 为了区分好男人和坏男人，先问自己几个问题：

* 我所认为的坏男人是什么样子？
* 坏男人之所以坏的理由？
* 觉得坏男人更有吸引力的理由？
* 如何从与坏男人的关系中解脱出来？

2. 在这一章，我们已经整理了很多关于坏男人的概念。之后，为了重建坍塌的自尊，继续寻找美好的爱情，让我们去读一些书吧。

为了重建“低微到尘埃里的”自尊，为了更好地爱自己，我们需要：

*《心灵治愈旅行》(*The Journey from Abandonment to Healing*) / 苏珊·安德森 (Susan Anderson)

当我们觉得自己被抛弃了的时候，这本书可以帮助你找到更好的自己。

*《他其实没那么喜欢你》(*He's Just Not that into You*) / 格莱哥·贝伦特 (Greg Behrendt)，丽姿·塔西露 (Liz Tuccilla)

当你为爱情困惑难解的时候，这本书将给你明确的答案。

*《无法爱上两次的病》/ 权文洙

不要因为以前受过的伤而害怕爱情，这本书将给你受伤的心带来勇气。

为了寻找更幸福、更健康的爱情，我们需要：

＊《我到底该爱谁？》（*Why Him? Why Her?*）/海伦·费雪(Helen E. Fisher)

通过人类学家的视角，分析了对爱情产生影响的荷尔蒙及其特征。

＊《当心理学遇见爱情》/宣安男

分析了与爱情有关的心理学概念，提出了对健康爱情有益的观点。

＊《心理学说爱情》（*The New Psychology of Love*）/罗伯特·斯腾伯格(Robert J. Sternberg)，凯琳·斯滕伯格(Karin Sternberg)

总结了当代几乎所有心理学大师对于爱情的看法。

3. 下面，我们再问自己两个问题：

＊ 如果确实有身边的朋友正在跟坏男人交往，分析一下其原因。

＊ 如果自己明知道对方是坏男人，却还在持续交往的话，分析一下其原因。

第3题可能无法得出明确的答案。也许看到别人与坏男人交往时不甚理解，但当事情发生在自己身上时又觉得情有可原。因为每段关系都交叉着双方的欲望、不安、幻想、过去等因素，所以很难作出判断。因此，当朋友遇到这种事情时，不要武断地劝她分手，或者替她合理化。有时仅仅倾听和陪伴就能给朋友带来极大的力量。

Chapter Ⅲ

大半夜贪吃巧克力的女人

大半夜的，饿得不行，想吃巧克力，大半夜怎么会有这么罪恶的想法？结果抱着昨天买的巧克力大快朵颐，减肥神马的都是浮云，飘过飘过……对食物为什么总有无穷无尽的欲望？巧克力的诱惑，可以抵制。

下班路上，垂着头坐在地铁里，听到身边人的谈话，好似三双鞋子在谈话：一双是黑色船鞋，一双是带水钻的高跟鞋，另一双则是褐色皮鞋。

“哎哟，我昨天又吃夜宵了！也不知道自己怎么了，总是觉得大半夜吃炸鸡特别带劲！”

我不用抬头，也知道肯定是一脸的自责。听到这番自嘲，高跟鞋也忍不住说道：

“我也是，减肥有什么用，一晚上就吃回来了。我最近特别喜欢去小吃店。”

说这话时，高跟鞋上面的水钻闪闪发光。接着她的话，褐色皮鞋叹了一口气说道：

“昨天吃饭的时候我爸还说我来着。说最近年轻人都很重视身材，我吃得太多了。真受不了。男朋友也嫌我胖，让我减减肥。我一有压力就想吃东西，可是吃之后，反而更有压力。”

穿着黑色运动鞋坐在一旁的我在想，为什么每当提到减肥的时候，这些人不是叹气，自嘲，就是找借口呢？女人们永远向着“减肥”这个伟大的目标行进着，但是在这遥远的路途中，总是有太多的诱惑。

有时候，好像全身的细胞都在等待着巧克力的安抚；或者觉得摆在眼前的美食是如此生动。很多时候，我们通过舌尖传来的满足感来缓解生活的压力。虽然在生活的困境面前，这些短暂的快感不过是过眼云烟，但在那个时候，美食的力量好像能够让人们从绝望和压抑的心情中解放出来。当然，减肥失败之后的压力，也同样可以通过吃东西来解决。

但问题是，美食的诱惑固然非常大，但想要减肥的动力也不容小觑。女人的身体总是被管理和统治的对象。我们生活的世界，要求我们不断为理想的身材而努力。而只要置身于这个社会，就没有办法完全从这种有关身材的“压迫和警惕感”中解放出来。所以，很多人都在前仆后继地减肥，却并没有明确的目的性。因此，当她们无法实现自己对自己的许诺，又或是旁人对自己的身材投来异样的眼光时，她们就会拼命寻找各种借口。

我们知道为了减肥，就必须对生活有所约束，但每次在美食面前不管不顾的时候，我们对于自己的信心，对于能否掌控生活的信心大打折扣。在这一章中，我们首先会了解一下我们的身体，以及当我们谈起“吃”时所感受到的压力，然后进一步分析，为什么有时候我们明明告诉自己不能吃，却仍旧管不住自己的嘴巴。此后，我们再来探究一下，为了找回坍塌的自信和对生活的控制，我们需要从哪些方面做出努力。

存在的问题

1. 明知道不能吃，却忍不住。
2. 不怎么饿的时候，也会吃。
3. 当感到有压力的时候，吃东西是唯一的排解方式。
4. 对食物又爱又恨。

Temptation

休怪美食太诱惑

今年 26 岁的惠静是首尔一家公司的普通职员。客观地说，她身材匀称，皮肤白皙，给人的印象很可爱。但她本人却总是觉得自己很胖。减肥，对她来说永远都是现在进行时，因为她觉得如果能再瘦一些，她的人生会更加幸福。

体重与幸福成反比，这是她的理论。她周围的朋友也是这么认为的。所以朋友见面的时候，总是会听到“如果能再瘦一点的话……”这种假设句，或者“快点减肥吧”这种命令句，又或者“好想变瘦变漂亮”这种感叹句。有时候看到非常瘦的朋友也会调侃：“把我的肉分给你一点吧！”看到身材非常好的人把衣服的价值百分百地展现出来的时候，心里也会暗自下决心：“今年我一定要减肥成功，找到非常帅气的男朋友！”有时，羡慕的心情也会转化为嫉妒和愤怒。

“那些美丽的尤物，最好全都消失掉！”

虽说一直在减肥，但惠静的体重六年来没有任何变化。如果刻意控制饮食和加强运动，体重可能会稍微有些差异，但是基本上这六年来，她的体重没什么明显的变化。六年来，她变着花样减肥，对于减肥的各种最新资讯更是了如指掌。但是，结果却多少有些让人泄气。

她对于减肥的愿望和意志都非常强烈，但是最终还是失败了。因为她的愿望和意志都没有转变为行动，每次在美食面前，所有的计划都会瞬间崩塌。

对她来说，美食的诱惑实在太大，有时明明知道不能吃，却总是管不住自己。

“我下过决心，也做出努力了，但是所有的努力总是在一瞬间就功亏一篑。遇到好吃的我就停不下来了。尤其是晚上，没事就去翻翻冰箱。

“有时往往为了减肥已经忍了好多天了，然后就在一瞬间，所有的努力都白费了。在家里人都已经睡着了的寂静的夜晚，我一个人像小野猫一样，蹑手蹑脚地跑到厨房去翻东西吃，而且大半夜常常吃的都是巧克力、冰淇淋或者饼干这类高热量的垃圾食品。就这样，此前做的所有牺牲和努力全都付之东流。”

在抓住冰箱门的瞬间，她的脑海中有两个声音在天人交战：

“停！你在干什么呢？不是正在减肥吗！”

“知道，但还是很想吃啊……”

“要忍住才能变瘦啊。没看到贴在这里的照片吗？”

冰箱前面还贴着她前两天找来的某模特的照片。那身材骨感的模特，别说是大晚上了，即便是大白天估计也不吃饭。她感觉，照片里的模特，仿佛正在用傲慢的眼神看着她。

“但是，饿得受不了了。巧克力太好吃了……”

在这样一个深夜，她最终还是没能抵抗住巧克力的诱惑。并且，她吃下的可不只是一两块而已。

“我知道不好。但是一开始就停不下来了。这是最大的问题。我一定会吃到一点都不剩的。唉，忍了一天终于还是没忍住啊。”

这样减肥，最终只会给身体带来更多的负担。本来是要减肥的，现在却成功增了肥。如果饿了一整天，在晚上的时候忍不住暴饮暴食的话，不但身体受不了，心里也不会舒服，很容易变得暴躁。

最近惠静看到了一个有关暴饮暴食人群的电视节目。这时她才意识到，暴饮暴食并不仅仅是意志薄弱的问题，如果情况继续恶化，很可能会演变为暴食症，那时候就危险了。这个电视节目，让惠静产生了危机意识。

“现在还没有到要吐的程度，但是很多时候不受控制。为什么明明知道不能吃，却还是停不住呢？”

管不住自己的心理分析

大半夜贪吃巧克力，表现出的是人们的心理防线在诱惑面前瞬间坍塌的过程。“明明知道不应该吃，却还是想吃”，不仅困扰着现代女性，也是自人类出现以来便一直存在的心理问题。

自古流传的所有故事和神话中，都包含有我们人类的共同遗传因子。这也就是荣格（Jung）所说的“集体无意识（Collective Unconscious）”。困扰着惠静的“明知道不能吃，却偏偏想吃”的心理矛盾，其实也算是集体无意识的一部分，我们先来看一下两个女性的例子。

夏娃的苹果

她是人类历史上破除“吃”的禁忌第一人。这是所有人都知道的圣经故事：夏娃受到蛇的蛊惑，偷吃了苹果，并让亚当也吃了苹果。因为吃了不该吃的东西，他们最终被驱逐出了伊甸园。

对于这个故事，每个人分析的角度各有不同。有些人着眼于蛇的诱惑，强调了人类经不住诱惑的特性；有些人则认为，这说明人类对于智慧和真实的渴求非常之强烈；有些人会觉得，这象征了人类的独立自主的形象。

在这里，夏娃的苹果，可以有各种各样不同的意义。

不过，可以明确的是，夏娃确实是吃了不该吃的苹果。恐怕像惠静一样在食物面前无法自已的现代女性，正是遗传了夏娃的“基因”呢。

珀耳塞福涅的石榴

吃了不该吃的东西的，还有另一个神话人物——珀耳塞福涅（Persephone）。她是大地女神德墨忒尔（Demeter）的女儿。德墨忒尔非常疼爱这个女儿。然而有一天女儿出去玩，此后便再也没有回来。原来她被冥王哈得斯（Hades）绑架到冥界了。失去女儿的德墨忒尔伤心欲绝，大地万物停止生长。见此状，宙斯（Zeus）不得不向哈得斯施压，让他赶快将女儿归还。

压力之下，哈得斯动起了歪脑筋。冥界有一条铁律，一旦吃了冥界的食物就再也无法返回地上世界。他对珀耳塞福涅说，只要她吃了石榴就放她回到母亲身边。此前一直滴水未进的珀耳塞福涅终于放松了警惕，想到马上能回到母亲身边，顿时觉得轻松了许多。就这样，她把石榴吃了下去。

此后，珀耳塞福涅每年只有一半的时间可以待在地上世界，其他时间都要留在冥界。每当大地回春，万物生机勃勃的时候，就是珀耳塞福涅回到母亲身边的时候；而到了秋天和冬天，珀耳塞福涅必须回到冥界，此时母亲必定会陷入伤心之中，大地也从此失去颜色。

珀耳塞福涅的境地，就是我们不顾将来，只顾满足眼前需求，被美食的诱惑冲昏了头脑的下场。因此，每当我们想要吃一些不应该吃的东西的时候，请先想想珀耳塞福涅所处的困境。

其实，我们在神话故事中可以看到很多陷入诱惑或忍不住打破禁忌的女性，如打开了魔盒的潘多拉和点燃蜡烛偷看丈夫厄洛斯（Eros）真面目的普赛克（Psyche），都为此付出了沉重的代价。

大半夜贪吃巧克力的心理含义

夏娃的苹果，珀耳塞福涅的石榴，潘多拉的盒子，以及普赛克的蜡烛，实际上与惠静的巧克力在本质上都是一样。那么，现在让我们来看看惠静为什么无法抵抗巧克力的诱惑。在明知道不能吃却还是想吃的心理问题上，我们可以看到三层意义。

1. 个人意义
2. 关系意义
3. 社会意义

个人意义就是看一个人能否抵制诱惑，克制自己的欲望。关系意义就是女性的关系特性，也就是说习惯于通过食物来获得情感上的抚慰和调节。最后，社会意义是指女性与食物之间的爱憎关系。

Control

会控制欲望，更容易获得成功和幸福

在这一瞬间，我们心中充斥着各种欲望。想吃的，想买的，想看的，想听的，想得到的……如果有人让我们找张纸把这些一一写下来，我想我们会非常乐意做这件事情。欲望的清单，说不定会一直被拉长，永远无止境。

但是，在一点点往下写的过程中，心情却越来越沮丧。因为，并不是所有的欲望都可以被满足。我们的私欲可能会与别人的重叠、冲突，甚至有时候为了实现个人的欲望，还会给身边的人带来伤害。

再说，欲望全部被满足，对我们来说并不见得是一件好事。因为一个欲望被满足之后，会在原来的空位迎来新的欲望，而欲望的过度满足，只会把我们带入歧途，甚至走向毁灭。我们从小就被教导“不是所有欲望都是可以满足的”，我们也从中学会了调节欲望的方法。

小时候，真的很想一直坐在电视机前不停地吃冰激凌，但是父母一定会把我们的冰激凌抢走，让我们老老实实地坐在餐桌前吃饭。但如果我们还是舍不得电视和冰激凌，就会得到老爸老妈的最后通牒：数到三，如果还不回来好好吃饭的话，屁股就要受到皮肉之苦。父母的管教让我们第一次学会了“欲望是不能全部被满足的”。之后，在成长的过程中，我们会遇到朋友，老师，以及形形色色的人，通过与他们的相处，我们学会如何圆满地处理人际关系。

其实我们的欲望如果可以找到合适的表达方法，便可以免除被完全忽略的命运。只是在表达的过程中，常常会遇到问题——无法培养调节能力。调节能力的缺失，是导致我们大半夜贪吃巧克力的最大原因。在个人调节能力上，我们先来看看弗洛伊德是怎么说的。

欲望的三张面孔

西格蒙德·弗洛伊德把性格构造分成三个部分：

第一，所有欲望的生成之源——本我（Id)。我们的所有内心能量由此而来，它与“即刻满足心理”有关。它遵从及时享乐的原则，是本能和欲望的信徒，因此，本我就像是小孩子一样，需要引导。

第二，遵从社会伦理的、懂得自我批判的超我(Superego)。超我遵循的是理想化原则。它是儿童在成长发育过程中，尤其是父母的赏罚活动中形成的。父母的评价和批评都是超我想要表达的心声。正是因为这一心理层次的存在，我们才会感到自责、后悔、羞耻。

最后，也是最重要的——自我（Ego)。它是本我和超我的联络者和仲裁者，它会根据周围的实际环境来调节欲望与社会准则间的矛盾。它遵照现实原则，主要行使“调节”功能。

弗洛伊德指出，我们面临的所有问题都是因为自身力量不足。或过于自私，或过于节制；或过于恶毒，或过于善良；或吃得太多，或干脆不吃。这些“过于如何如何”的问题，反映出的正是自我调节能力的不足。所以，我们的治愈方针就是“加油”，这样我们才能灵活地应对每时每刻发生的事情，并做出最好的调整。

让我们来看看要么就不吃，一吃就没完的惠静吧。在她节食的那段时间里，绝对是“一点不沾”。在超我的指导原则下，即使想吃的时候，她也会对自己说“一定要忍住”，所以一段时间内坚持得相当不错。但是，只要食物一旦进入到她的身体，情况就糟糕了。本能和欲望迅速占领高地，“超我”和“自我”好像都消失不见了，只剩下“本我”独占鳌头，她又开始没完没了地吃，完全失去了控制能力。

吃到最后，她才突然清醒过来，此时又无限后悔。

“为什么会这样呢，明明不应该这样的。我真是无可救药。”

不一会儿，她又会自己安慰自己：

“下次注意就好了。每个人都会这样的。”

就这样，“本我”和“超我”来回显现，但“自我”始终不见踪影。因为起调节作用的“自我”的力量实在太弱小了。

为什么唯独面对食物，没有抵御能力？

在这里我们会产生一个疑问。我们心中可能存在各种各样的诱惑，但惠静为什么偏偏抵挡不了食物的诱惑呢？

弗洛伊德说，从我们出生到成长，心智的成熟与身体的发育是同步进行的。在每个发展阶段有不同的欲望，当这些欲望得到满足的时候，身心自然会发展到下个阶段，但如果这些欲望没有被满足，就会发生“滞留（Fixation）现象”，从而阻碍下个阶段的发展。适当的满足和调节，可以把我们的欲望引向更符合现实的方向。如果不能做到，就会产生一系列的问题。

当我们刚刚出生的时候，我们通过嘴巴连通欲望世界的大门。在这个时期，我们在吮吸、吞咽食物的过程中，了解这个世界，并形成了调节欲望的能力。弗洛伊德说，这个时期对人的占有欲和乐观性格的形成起到至关重要的作用。在这个时期，如果欲求没有得到适当的满足（过度满足或者过度缺乏）的话，日后便会对食物失去调节的能力，也就是说会发生“口欲滞留（Oral Fixation）”。

在这个时期，孩子的欲望是被满足还是被忽略，最大责任人恐怕就是父母了，因此这个时期与父母之间的关系非常重要。父母对孩子的欲望控制得太严苛，抑或为了孩子不受挫而完全满足要求，这些都是有问题的。父母最好提供适当的外围环境，以培养孩子的控制能力。口欲滞留，可以很好地说明为什么有些人明明在减肥中却在大半夜贪吃巧克力，以及明明知道第二天要上班，却没完没了地看电视。

控制欲望的能力，你必须会！

说到对食物的控制力，让我想起一个同学。那是初中一年级的时候，我们班里有个特别喜欢吃果冻的男同学，甚至上课时间也偷偷吃。当然，老师可不会坐视不管。但是，这个同学不管挨了多少次打骂，还是改不了这个毛病。到后来有些老师也放弃了，实在懒得管，唯独有一个老师没有放弃。

有一次，那位男同学正在吃果冻的时候被老师逮个正着。然后，老师非常严厉地惩罚了他。对于对果冻没有抵抗力的这位男同学来说，这个惩罚显然比体罚更为难受，也更为聪明——让男同学把果冻含在嘴里，整堂课都不能吃下去。

老师说，如果下课的时候，果冻还没有吞下去，以后课堂上随便吃。若是吞下去了，今后就绝对不允许他在课堂上吃任何东西。

舌尖传来软软的、甜甜的诱惑，男同学真的能够抵挡住吗？如果大家也受到了一样的惩罚，又会如何呢？50分钟的上课时间，真是漫长的煎熬啊！但是神奇的是，这位男同学竟然忍下来了！并在下课时得到了老师的称赞：

“真有种啊！今后你做什么都会成功的。以后在我的课堂上，你可以随意吃！”

但是不知道为什么，自此之后男同学再也没在课堂上吃过东西。不知道是因为没了管束反而没了乐趣，还是因为发现自己原来可以忍住，或者两者皆有，不得而知。但是有一点很明确，通过这件事，老师教会了他如何延迟瞬间产生的欲望。

那么，我们的父母和老师为什么如此重视调节欲望的能力呢？忍耐，尤其是对食物的忍耐，为什么如此重要呢？难道仅仅是因为减肥吗？

对此，让我们来看看《别急着吃你的棉花糖》（*Don't Eat Your Marshmallow...Yet!*）里重点提到美国斯坦福大学的著名实验：“延迟满足实验”。实验者发给 4 岁被测试儿童每人一颗好吃的棉花糖，同时告诉孩子们，如果马上吃，只能吃一颗；如果等 20 分钟后再吃，就给吃两颗。如果经受不住眼前的诱惑，那么美味的感觉只能停留“一颗糖”的时间。这个实验，后来也证明了小时候就懂得延迟满足的孩子们，长大后将更加成功和幸福。

现在大家试想一下，如果是你，是会满足于一颗糖的美味呢，还是宁愿先忍一会儿，为两颗糖而稍作等待呢？

对于惠静来说，巧克力就如同实验中的棉花糖一样。孩子们通过忍耐可以获得更多的糖，但是惠静却可以在生活中获得成功、健康和幸福——只要懂得控制自己的欲望。忍耐过后，所有心愿都会慢慢实现。

食物真的能帮你排解坏情绪吗？

前面我们主要在关注惠静的自我调节能力。下面，我们要从惠静的关系特点上分析存在的问题。我们无时无刻不处在关系之中，因此几乎可以说所有的问题都跟关系的模式有关。尤其是像惠静这样对人际关系格外看重的人来说，所有问题的症结基本上都与关系密不可分。

比如，当她与他人交往受挫时，她习惯于在食物上寻找安慰。然而，这种倾向如果进一步加重，反过来也会给人际关系带来不好的影响。人际关系的问题，是导致我们无力抵抗食物诱惑的很大原因。下面，我们来重点看一下惠静面临的两大主要问题。

最“表面”的关系问题：酒肉朋友

秀智最近尽量减少与朋友见面的次数。不为别的，就因为每次跟朋友见面，肯定要胡吃海喝一顿。这样一来，不仅吃得比平时多了，还花出去很多钱。所以每次回到家都非常后悔。对于喜欢与朋友交往的秀智来说，一个人减肥实在是一场苦旅。秀智认为，既然自己一吃上就会失去控制，那么索性拒绝与食物“见面”好了。因为她一看到人家在吃东西，自己是绝对忍不住的。

最一般性的关系问题：伤心就吃

为了维护关系，就要应酬吃饭，有的时候不想吃也得吃。这是所有人际关系中都要面临的基本问题，但这远不是全部。我们在与他人交往的时候，会感受到很多情绪。有些情绪可以用言语表达，有些情绪只能自己消化，隐藏心底。当感情被压抑，情感无法疏通的时候，人就会觉得憋闷和难过。但这些个人情绪，最终都要靠自己来消化。

如果是关系至上的人，在人际交往中感受到的情绪恐怕会更深刻一些。而这种情绪如果不能及时表达和疏通，就会在我们心中久久回旋，困扰着我们。

我们常常为了排解忧伤，躲避苦恼而暴饮暴食，实际上我们每个人都有这种倾向，只是程度略有不同而已。也不知道是真的身体疲劳，还是因为心里空虚，总之一定要吃到肚皮撑起来了才肯罢休，就好像要把所有不好的情绪都咽到肚子里一样。

尤其是从小就在压抑的环境下长大的人，她们遇到问题的时候，并不习惯于表达自己的情绪，而是会把情绪藏起来，留给自己消化。因为这种方式对她们来说更加熟悉安全。她们生怕情绪表达出来会一发不可收拾，把之前积累的所有情绪都一气宣泄出来。每每在人际交往中受到挫折，感到疲惫，又或者是难以与人沟通时，她们习惯性地用食物来安慰受伤的心。

让我们来看看柔真的情况。对于自己“明明不饿，却偏偏要吃；知道不能吃，却还是止不住”的问题，她这样说道：“每天下班回家，没事儿的时候我就会给自己煮一碗拉面。然后在拉面汤里泡饭吃，然后再把家里剩下的饼干都吃掉。当我晃过神儿的时候，才发现自己已经撑到动也动不了了。吃的时候虽然很有满足感，但过后就会后悔不已。这就是我。可是每次心情不好的时候，还是会下意识地找吃的。明明已经很饱了，却还是在给自己做沙拉，或者烤鱿鱼。我算明白了，吃东西对我来说就是排解不良情绪的方式。”

她一边说着，一边回忆起童年的伤心往事。因为家境的关系，她从小被寄养在大姨家。不管大姨对她有多好，她始终觉得自己是个被抛弃的小孩，不理解为什么妈妈那么狠心。每次大姨给她做好饭，她告诉自己要克制住情绪，不能再想妈妈了，然后闷头吃饭，当时的情景到现在还记忆犹新。

可能因为这个原因，每当肚子饿的时候，她就会变得特别烦躁，心情也不好。她的包里总是放着巧克力和糖果，以防因为饥饿而情绪低落。她必须从一开始就彻底消除掉会饥饿的可能性。而每当情绪不好的时候，她也要从食物那里寻找安慰。这样一来，就很容易造成暴饮暴食。

她所说的心情不好的情况，包含了所有难以自我消化的负面情绪。其中，最有代表性的是以下几种：

疏远感

很多对食物束手无策的人，都常常提及“疏远感”这个词。这种像远离了所有人群一样的“疏远感”，其实就是归属感的相反情绪。

空虚感

当心里感到空荡荡的时候，我们常常不可避免地选择用食物来“填补”。但是，食物只能填补空荡荡的胃，却不能从根本上解决空虚的问题。

忧　郁

有气无力，好像能量要耗尽。这种时候，总是想吃点东西。但是如果是真正的抑郁，即使食物也无法拯救。

孤　独

跟别人在一起的时候也觉得十分孤独。孤独加剧的时候，只好用食物来排解。希望通过“与食物共处”来赶走孤独。

伤　心

曾经日夜陪伴在身边的某个东西突然消失不见时，那种若有所失的感觉，会让我们感到十分伤心。很多人在伤心难过的时候，第一个想到的就是大吃一顿。

恐　惧

这个世界总是把一个又一个艰难的问题留给我们去解决。当我们对能否克服困难而惶恐不安时，总是喜欢吃些甜蜜的食物来获得宽慰。

除此之外，愤怒、不安、烦躁、不满、愧疚、羞耻等很多种情绪，都会将我们“领到”食物面前。这些既是我们不断吃东西的情绪原因，也是暴饮暴食过后必然会招致的情绪结果。当我们感到难过的时候，可以让我们逃离这些情绪的最快捷的方法，就是吃东西。

回想一下我们小时候。每当我们哭天喊地的时候，总是会有人把吃的放到我们嘴里。当我们哭的时候，父母也无法准确揣测我们的心理，只好用食物来哄。所以我们从小就知道，并不一定肚子饿了才吃东西，受到挫折了也可以吃东西。也就是说，食物是最早出现在我们人生中的安慰品。这一点，我们的身体一直都记得，并在我们成长的过程中不断重复。正因为如此，每当我们心情不好的时候，身体会自动发出“吃点东西吧”的信号。

每当我们遇到棘手的事情或者感情不顺的时候，第一时间想到的就是吃东西。而为了逃避负面情绪，我们往往会不停地吃。虽然知道不能再吃了，要赶紧回到现实世界里，但还是希望能在这个“避难所”里多停留一会儿。

逃避总是安逸的。每当我们没有勇气去面对生活的真相或情感的真实面目时，我们总是喜欢沉浸在美食中，借此来逃避现实。但是这样只会让问题滞留得更久，更难找到解决方法。一开始是为了安抚情绪而吃东西，但是吃到最后，负面情绪反而越来越严重，这将会导致我们更加难以从食物中解脱出来。通过不停吃东西来逃避现实，不仅对我们的健康有害，而且根本没有办法安慰自己。借食物来逃避，其实就是在逃避自己。

Thread Paper

当“骨瘦如柴”成为审美标准

前面我们已经从个人控制能力，人际关系等情感需求角度，分析了“为什么明明知道不能吃，却总是吃”的问题。最后，我们再从社会施加的强迫性要求上来看这个问题。在讨论“为什么明明知道不能吃，却总是吃”的问题之前，我们先对“明明知道不能吃”这个前提条件提出一点疑义。当“不能吃”的想法过于强烈时，即使我们只吃了正常量，也会感到自责和羞耻。

以下是我在某大学女厕所的墙壁上看到的字迹：

“……现在是下午三点半。早上刚起来的时候，就连往嘴巴里塞东西都觉得厌烦。但是吃完中饭之后，喝了咖啡，吃了面包，还喝了绿茶，还有巧克力，葡萄汁……吃了这么多还在不停地吃！我这愚蠢的人生！这么下去什么时候才能变苗条啊？没救了……”

歪歪扭扭的红色笔迹。除了这段话，旁边还有很多密密麻麻的留言。从这些字迹中，我们看得出留言者的自责和羞愧，以及想要变苗条的强烈愿望。我甚至惊讶，就因为吃了点东西，何以自我菲薄到如此地步？有时，望着街上来来往往的年轻女性，就会觉得如果她们都抱有同样的想法，那该是多么悲哀的一件事啊。

其实，我们完全没有必要因为身材不够苗条而感到自卑。但还是有不少女性用极端苛刻的标准来要求自己，只要没达到要求，就妄自菲薄，自己给自己找罪受。这都是因为女性们把社会对于女性身材的要求和眼光，全视为对自己的标准了。

正因为这样，越来越多的女性陷入了对外貌的极度不安中，失去了内心的平稳。其结果就是：永远活在别人的标准下，因他人的评价而悲喜不定。而更严重的是，这可能会导致自我建设的崩塌，完全失去了自我调控能力以及情感沟通能力。

一边命令自己不要吃，一边又在种种压力之下，忍不住吃得更多。社会上对于女性身材的诸多要求，阻碍了女性成为自己身体的真正主人。其结果就是：在该吃的时候不敢吃，在不该吃的时候无法节制。

在社会的强迫性要求下，独自吃饭的女人们

这是个竞争激烈、成果至上、标榜个人主义的社会。这样的社会形态，造成了女性自我调控和情感沟通上的问题，导致“大半夜贪吃巧克力的女人”越来越多。如今，社会已经苛刻到“如果你没有骨瘦如柴，你就应该感到羞愧”的地步。

减肥的压力，人际关系的压力，以及快速成功的压力，导致我们独自吃饭的情况越来越多。但在重重压力之下，在本人无意识间，吃得越来越多，就像一个制动发生故障的汽车，再也停不下来。

如何戒掉“大半夜的巧克力”？

为了戒掉大半夜贪吃巧克力的毛病，我们应该怎么做呢？下面我们提出了十个行动方案。

听见“调节”的声音

正如弗洛伊德所说，当美味佳肴放在我们面前时，我们的内心肯定会有两种声音出现：一种是“好想吃”，一种则是“不要吃”。但是当负责调和仲裁的声音，变得越来越响亮的时候，这个矛盾就可以迎刃而解。当我们仔细聆听这个更具现实意义的声音中和了“快乐”的声音和“原则”的声音后，我们自然会知道什么时候可以吃，吃多少为宜。

开吃之前先认清自己的情绪

前面我们讲到过，当我们想要逃避某种情绪的时候，食物可能会成为最适合的“避难所”。当我们因为情绪不好吃东西，而不是单纯的生理饥饿时，我们总会吃得比实际需要多得多。这多数是因为无法面对自己以及害怕面对某种情绪。所以当我们没来由地只想吃东西的时候，请先留意一下自己的情绪，判断一下是来自生理上的需求，还是因为心理上的原因。

不要独自待着

当遇到一个人难以承受的事情，身边又没有一个可以说话的人；或是在与他人的交往中受到伤害的时候，我们也倾向用食物来麻痹自己。但是我们常常忘记，食物本来应该是我们营养的源泉，以及连接人与人之间和谐关系的分享物，而不是横亘在人与人之间的隔膜。找一个可以理解你的人说说心里话吧。人们不是常说“有情饮水饱”吗，这就是因为“在一起”比食物具有更强大的力量。

树立符合现实的目标，即便中途有所贻误，也要相信自己

一个过于理想化的目标，要求短期内完成庞大的任务，需要锲而不舍的忍耐，这往往会导致计划在中途便早早夭折。目标和计划，本为把我们所有能量聚合在一起，但如果这个目标和计划过于理想化，反而会使能量消失殆尽。我们树立一个目标或制订一个计划的时候，一定要事先预想到计划中可能出现的变动。即便计划没有完成，也没有

必要完全否定自己，只要调整自己的步调，重新做一份计划即可。

清除周围环境中所有可能导致“失控”的障碍物

人总是要适应环境的。看看自己的冰箱里是否放满了食物、包里是否时刻装着巧克力，好让自己随时随地可以吃东西？你是否过着毫无节制的生活？重新检查一下周边的环境，是否真的符合自己的要求？也就是说，像巧克力这种可能导致“意外事故”的根源，从一开始就不应该出现在你的周围。

如果实在想吃，就选择“灵魂”食物

所谓灵魂食物，正如其名，是可以滋润我们灵魂的食物。当我们随便吃吃喝喝的时候，不仅我们的身体会知道，我们的心灵同样也能感知得到。所有用心烹制的健康料理，都代表了一种对自我的尊重。所以说，赶快甩掉那些方便面、膨化食品、冰激凌、饼干吧，让我们拥抱真正的“灵魂”食物！

建立“我的原则”

倘若决心要减肥，那么树立一个铁打不动的原则十分重要，比如用餐时间，用餐量，哪些食物只吃大概多少等等。在建立这个原则之后，如何一步一步地参照执行也十分重要。

寻找自己的惯有模式

如果你经常嘀咕“明明知道不行，却偏偏不能自已”的话，请先好好观察一下自己的行为模式，一定可以从中找到原因。比如，何时，跟谁在一起的时候，当有什么样的情绪的时候，大概会吃多少；在这样胡吃海喝之后，心情又会变得如何，然后又是如何陷入恶性循环的……看清楚这一环一环的因果关系，对于克服暴饮暴食非常有效。

有问题，就跟身边的人说

有些人每次下定决心之后，都会向周边的人“公布”自己的决心。比如像“一个月之内，每天晚上运动，要瘦六斤”，会向别人说出自己的具体目标。在将目标公之于众之后，减肥的意志变得更加坚定，因为他们想要从别人那里获得认可。但是如果把目标藏在心里，一个人默默坚持的话，很容易中途就感到疲倦，索性就放弃了。不管是目标，还是其他问题，都可以从别人那里获得反馈，这不是一件好事吗？

压力不要硬抗，要找到排解的出口

前面我们提到过，人们在心情不好的时候，常常一个人暴饮暴食，希望从吃的快乐中获得安慰。但这样并没有安慰到因为压力而备感折磨的心灵，只是安慰到了肉体而已。我们现在已经非常清楚地了解了问题所在；今后在遇到压力的时候，不要再用食物解决，而是去寻找疏通的出口。如果是在人际关系上受到了伤害，最好还是找当事人直接表达自己的情绪，而不要一个人憋着。

我们生活在一个复杂的世界。没有食物，我们一天都活不下去。每天，各种各样丰富多彩的食物吸引着我们的眼球和味蕾。我们通过食物获得满足，来拓展人际关系，来塑造自己。

随着技术的发展和文明的传播以及全球一体化，我们对食物有了更多的选择。这同时也造成了一定的困扰，比如“今天吃点什么呢？”“是不是吃得太多了？”如果说物资贫乏、食不果腹曾经是困扰着我们父母一代的一大问题，那么如今摆在我们面前的另一个问题就是吃得太多导致了各种肥胖症和其他成人病高发。

吃，是关乎生存的基本问题，但如今在这个问题上也看到了更多复杂的心理问题，一如我们复杂的社会。虽然我们知道悬而未决的问题永远都会存在，我们应该更好地控制对食物的过度欲望，但事实总是不尽如人意。但是我们应该了解的是，唯有处理好我们与食物之间的关系，分清楚什么时候可以吃，什么时候不该吃，我们才能获得理想的减肥效果，更进一步说，这样我们才能更好地控制自己的人生，获得心灵的平稳。

如果你今晚还是觉得巧克力诱惑难挡，请再回想一下棉花糖的故事，再体会一下延迟满足的成就感。实验中的小孩子们通过不同的战略（坐回去不动，不停地说不能吃，埋头做其他事等等），克服了当下的欲望。如果这些小孩子们都成功了，大家还有什么做不到的呢？

抵制巧克力的诱惑

1. 看下图。以下哪种剪影是我最想要的呢？在以大学生为对象所做的调查里面，大多数女同学选择的剪影都要比自己的实际身材大，而且她们还认为，一定要比男同学选出的剪影身材再瘦一些才可以。我自己想要的剪影和别人可能喜欢的剪影之间，有多大的差异呢？

2. 很多西方人都难以理解东方女性为什么动辄以“很胖”、“圆圆的”、“需要再减一点”来表述自己的身材。很多人在别人眼里其实很瘦，完全没有减肥的必要，只是她个人对此特别苛刻而已。对于是否需要减肥这件事，我建议参考身体质量指数 BMI。这是判断是否肥胖的比较客观的数据。身体质量指数的具体计算方法如下：

体重 /[（身高 ×0.01）×（身高 ×0.01）]
假设体重为 50 千克，身高是 160 厘米的话，
身体质量指数就是：50/（1.6×1.6）

通过以上计算，计算结果小于 18 的，可以判定为过轻；在 18 和 23 之间，为正常体重；25 以上才可以判定为肥胖。

3. 下面是关于进食障碍的问题。我们身边患有严重进食障碍或厌食症的人虽然不多，但是可怕的是，很多人或多或少都存在与进食障碍有关的问题。尤其是二十多岁的女性，有10%的人属于这类疾病的危险群体。通过以下选项大家可以了解一下自己是否有这方面的倾向。最后奉劝大家，即便要减肥，也要选择健康的方式。

* 害怕长肉。
* 曾经暴饮暴食过。
* “我应该再瘦一点”的想法总是挥之不去。
* 运动的时候，时刻计算着卡路里的消耗量。
* 进食时间比别人长。
* 感觉好像食物支配了我的人生。
* 总是觉得被别人强迫着吃东西。
* 吃完之后，心里总是不舒服。

曾经看到某知名女明星在采访时这样说：“最近觉得自己变丑了，所以把镜子也换成最小的了。这样看镜子时，就不会失望了。”

在一个旁观者的立场上来看，她是韩国最具代表性的美女，然而也对自己的外貌如此不自信。由此可见，我们对于外貌的判断大多出于主观意识，而不是客观评价。所以如果本人不满意的话，即使拥有天仙般的外表，也没有用。

如果大家也像那位女明星对自己的外表不满意的话，我奉劝大家去换一个大镜子。为什么不是小镜子而是大镜子呢？小镜子只会让你自己更加卑微，所以要换成一个大镜子，每天都好好看看自己的样子，然后对自己说：“我真的很不错！”

Chapter Ⅳ

疯狂购物的女人

任何事物加上“癖”或“狂”之类的字眼就说明过度了，说明人这个主体失控了。购物的需求很强烈，可能就是因为精神上的空虚无聊。解决精神的空虚无非两种办法：学习或信仰。

关于上瘾，有很多种解释。我们可能是对某个对象或者某种行为上瘾；或是在心理上对某种情感上瘾。有位学者甚至提出，所有抑郁症其实是对于抑郁这种情绪的上瘾。我们对来访者的心理结构进行分析测试时发现，性格冲动的人更容易购物上瘾。资本主义时代，我们的社会无时无刻不叫嚣着扩大消费，外貌至上，好像只要长得漂亮就一劳永逸了。如此一来，人变得越来越空虚，更容易走上疯狂的购物之路。

不管走到世界的任何角落，人始终难以逃脱“欲望”的耳边私语。我们的视线所及之处、听力所达之处，处处都藏有欲望的暗示。如果能穿上这件衣服，如果能穿上那双鞋，如果脸上能擦点这个，好像就能减轻我们的烦恼和痛苦，所有的问题都能迎刃而解，只要有人微笑着自信地推荐他们的产品，我们便马上上钩。

曾经有部非常有名的电影叫做《一个购物狂的自白》

（*Confessions of A Shopaholic*），其主人公丽贝卡就是个不折不扣的购物狂。她每天被信用卡公司追着还债，却在新品上市时，毫不犹豫地打开腰包。为此，她捏造了一个又一个谎言。就这样，小谎言演变为大谎言，最后她失去了周围所有人的信任。生活被谎言包围，她也时刻惴惴不安。这就是购物狂的生活，为了一时的快感，每天都生活在水深火热中。

丽贝卡的故事之所以能在世界范围内引起那么大的共鸣，就是因为我们每个人都有购物狂的倾向。在电影中，遇到打折季，丽贝卡在商店没开门前就在门口等待，开门之后一股脑冲进商场，只为用更少的钱买到更好的东西。明明前一秒刚下定决心不再刷卡，却在看到"打折"二字的时候完全失去理智——我们在丽贝卡的形象里，或多或少都能寻到自己的影子。购物上瘾的问题，广泛地存在于所有人的生活中，只是程度和种类略有不同。

电影出于戏剧化的考虑，在百转千回之后最终以欢乐的结局结束，但上瘾的问题如果不能解决，恐怕结果就不会那么 happy 了。试想，我们都已经不是自己的主人，又谈何幸福呢？这部电影同时也告诉我们，遇到问题的时候，需要的是直面的态度，而不是一味地逃避。在上瘾严重之后，我们有可能会失去朋友，失去爱情，甚至连工作也会失去。其实不仅仅针对购物上瘾，所有的上瘾都是一种"中毒”现象。在这一章中我们会着重分析一下为什么明明知道不应该买，却总是管不住自己的钱包。同时也将进一步探讨，如何从购物瘾中走出来。

存在的问题

1. 总是买不需要的东西。
2. 难以抵挡新商品的诱惑。
3. 无法成为物品的主人，反倒被物品束缚。
4. 容易受他人影响而购物。

不由自主地相互怂恿购物

“很好看！买吧！”

在服装店里，蔡妍试了两件衣服。从她试衣服出来开始，她的朋友们就一直不停地称赞。

“后面的臀线看起来不奇怪吗？”

蔡妍看着镜子中的背影说道。但是她的朋友们连忙摇头，并异口同声地说道：

“不啊，很合适你啊。”

“对啊，很好看，挺好的。”

蔡妍歪着脑袋，虽然有些疑惑，但还是径直走到收银台买了单。既然朋友们这么推荐，即便自己不太满意，应该也差不到哪儿去吧。

不管是在饰品店，还是在化妆品店，这种情况经常发生。每当蔡妍犹豫要不要买的时候，朋友们一定会在一旁拍手支持。所以，她常常买一堆平时用不上的昂贵化妆品、套装回家。回到家把所有买到的衣服、化妆品、饰品往床上一摊，后悔不已。重新试穿了一下衣服，觉得臀部曲线并没有那么漂亮；化妆品似乎也买得太贵了；各种饰品在明亮的照明下觉得很好看，但现在看来也没什么特别。如果是一个人去购物的话，绝对不会买这些东西的。其实仔细想想，她也不总是被人怂恿，有的时候她也怂恿别人。上次朋友买连衣裙的时候她也在一旁投赞成票来着。那么，她们为什么要相互煽动彼此购物呢？

煽动彼此购物的心理分析

我们很难想象男人们会花一整天的时间逛街，并且在一方犹豫着要不要买的时候，另一方在一旁热情鼓动的场景（送上“买吧，很不错”的赞词）；我们也几乎看不到男人们回到家中，对自己所购物品捶胸顿足的情形。这些场景好像是专属于女人的。而且，越是看重关系并且受他人意见影响的人，越是容易发生以上状况。对于她们来说，购物不仅仅只是购买必要物品，同时也是联络友情，确认彼此的影响力的过程。所以女人在购物的时候，总是喜欢三五成群，期间还要不断地提出自己的意见，听取别人的意见。

对朋友看中的东西表示支持和赞美，是对自身的存在感和彼此关系的一种认定。在这个过程中，她们更倾向于正面的赞美，而不是冷酷客观的批评，因为她们认为这样可以使彼此的关系更加稳固。也就是说，在朋友犹豫着要不要买的时候，给她吃一颗定心丸。同时，如果获得了朋友的支持，有些人即使不怎么喜欢，也因为想要确认对方的影响力而决定购买。这就是为什么我们跟朋友们在一起时会买很多东西，而这些东西如果在一个人逛街的情况下，是绝对不会买的。

与朋友结伴逛街固然愉快，但盲目消费之后，却会带来无尽的后悔。所以，为了作出最明智的决定，最好自己独立判断，然后忠于自己的选择。若不这样，恐怕我们的衣橱里堆积成山，抽屉里也将堆满根本用不到的饰品，而我们的荷包会变得越来越薄，我们终将为此追悔莫及。

蔡妍是这样，蔡妍的朋友也是这样，她们都面临着同样的困惑：“协同消费”。所以说，对朋友的选择抱以支持虽然没什么不对，但有时还是要帮助朋友作出冷静的选择。帮助朋友作出明智的购物选择，其实也是在帮助自己。

煽动彼此购物的心灵配方

因一时兴起而购物，
因朋友煽动而觉得非买不可，
回到家中往往发觉不适合自己而后悔不已，
那些商品只能闲置，
占用了大量空间。

跟别人一起购物的时候，
一定要明确自己的购物需求，
并作出具体的计划。

朋友的支持和赞美，
往往因为她们只表达了正面的看法，
而非客观的批判。
真正意义上“好”的支持者，
偶尔也应该给出“冷酷而客观”的评价。

明明知道会后悔，还不停地买

在接到这个月的账单后，玄雅张大了嘴巴。虽然知道上个月花了不少钱，但是完全没想到会多到这个地步。她叹了一口气，对着放在桌子上的名牌皮包说道：

“你是有点贵啊。不过没办法。谁让你那么好看呢！”

怀着郁闷的心情，她把账单揉成了一团扔在一边，出门去了。步行街两边的各色商店愉快地向她招手，此时玄雅已经完全忘了刚才作的“今后多多省钱”的决心。她的视线已经完完全全地固定在琳琅满目的商品上面。这个世界如此多彩而闪耀，总是有那么多充满诱惑的东西！

走着走着路过常去的那家鞋店，玄雅发现了一双堪称完美的鞋子。在看到那双鞋子的一瞬间，她的整个血液都沸腾了，感觉全身的每一个细胞都饱满起来！这感觉好像对某个人一见钟情一般！她觉得如果不试穿一下的话，回家后一定会后悔，于是她将鞋子穿在了脚上。在回头看见

“打折”的字眼后，她瞬间就决定买下这双鞋子。而这一切的发生，距离“账单黄牌警告”还不到一个小时。

她在买到漂亮皮鞋和皮包时感到快乐和满足，不久自责和后悔也会随之而来。但是，当看到漂亮东西的时候，她还是会无可救药地被迷惑。明明知道要节制，却止不住消费，这到底是为什么呢？

借购物掩盖寒碜现实的心理分析

美国知名电视剧《欲望都市》（*Sex and the City*）里的女主人公凯莉就是个不折不扣的鞋子控。她的鞋子多到需要一个屋子才能装得下，但每次看到有新鞋上市的时候，还是忍不住要败回来。而且，她买的还不是一般的鞋，都是价格高昂的名牌鞋。

然而，在仔细观察过她的消费习惯之后就会发现，她买鞋子是有一定心理诉求的。她从来不在感到幸福或愉快的时候买鞋，而是在感到痛苦、不幸以及不满足时才会血拼。当现实无法满足她的时候，唯有鞋子能让她获得快乐。在电影里有过这样的片段，她对自己疯狂买鞋这件事曾这样说过：

“每个女人都应该有一双好鞋，一双好的鞋子会把你带到最美好的地方。”

说白了，她对于目前的生活不满意。所以她才需要漂亮的鞋子把她带到一个更令她满意的地方，好像那双鞋是通往幸福世界的通行证一样。但是，这个通行证真的有效吗？

恰恰相反。购入了那么多昂贵的鞋子，显然超越了实际购买力，这并不会把她带到一个更“理想”的地方，反而会阻挡她前往那个“理想”的地方。也就是说，这不仅没有帮助她实现理想，反而成了绊脚石。

每当我们觉得困窘难堪时，便想把自己打扮得更加闪亮。现实越贫瘠，越是不愿意将目光投向那里，反而想要从外界寻求更加耀眼的光芒。但不管现实如何邋遢和贫瘠，也要学会直视现实，一点一点地改变，这样自己才会变得真正闪耀起来。所以，今后在美丽的鞋子面前心跳加速、走不动路的时候，先问问自己，这双鞋会不会给现实带来更加沉重的负担，以及自己是不是只是想借这双鞋子来掩盖寒碜的现实。

借购物掩盖寒碜现实的心灵配方

昂贵华丽的商品，
不会把你带到“美好”的地方，
只会加重现实的负担。

现实越是不堪，
越是让人不满，
就越希望通过购物来逃避。
在带回家一大堆物品的同时，
也带回了一笔可观的消费账目和更加沮丧的情绪。
为了安慰自己的心灵，
购物者常会在短时间内再次前往商店大量采购，
形成恶性循环，沉浸其中不能自拔。

就像一见钟情的初恋难以修成正果一样，
冲动消费不会带来长期的满足。

问题像衣橱里的衣服一样，越积越多

为了完成课题，宝兰每天都要跑图书馆查资料，为此她感到身心俱疲。趁着休息的空当，她坐到了电脑前面，习惯性地打开经常浏览的那家购物网站。在各种琳琅满目的漂亮衣服前面，宝兰激动地一个接着一个地打开链接，而时间就这样一晃而过。

直到接到朋友的来电，说要晚上一起吃饭，宝兰才回过神来，而她实在不舍得把好不容易选出来的“宝贝”就这么关掉。最后麻利儿地选了一件比较可爱的T恤，就此结账。对于宝兰来说，在身心疲惫、心情低落的时候没有什么比上网购物更让人振奋的事了。每次在网店里逛完之后，浏览过的衣服的影子就留在了脑海里，久久挥之不去。而且耗费了那么多时间才选出了心仪的衣服，就这么关掉网页实在太可惜。想想为此浪费掉的时间就让人心情沉重。

关上网页之后，宝兰犹豫着是去跟朋友吃饭，还是留下来攻克课题。此时，她看到邻座的学生也正在浏览购物网站。看到这么多人都如此迷恋网上购物，宝兰的心里稍稍安慰了一些，觉得自己也没有那么不可救药。最后她决定先把课题放在一边，跟朋友吃饭去。她为什么放着该做的课题不做，却沉迷网购不能自拔呢？她今天能够完成任务吗？

借购物逃避现实的心理分析

有一种说法叫做“罪恶快感(Guilty Pleasure)”，即当时觉得很开心，但同时又觉得“不应该这样”。置课题于不顾，到网上闲逛，虽然当时很过瘾，但是心里某个角落还是难以逃脱沉重的自责。

宝兰明明知道不能这样，却还要继续上网购物，就是因为想要从现实世界中逃避出去。不只是做课题，她只要碰到难以克服的现实问题或难以面对自己的时候就会疯狂购物。就这样，随着衣橱里的衣服越来越多，她所面临的现实问题也越积越多。

很多人都会以学习和查资料之名来到图书馆，结果却陷入网购的世界不能自拔。在知道了很多人都是以这种方式逃避现实后，宝兰或许会获得些许的安慰。而且，刚刚下单的T恤最晚明天晚上就会送到她的家中，想到这个不觉一阵开心。但是，她今天能完成课题吗？

如果真的想完成任务，就不能给自己借口逃避现实。如果要今天完成课题，就必须认真地查找资料，马上着手写方案。T恤可以明天买，但课题一定要在今天完成。

每当我们遇到困难或者棘手的事，第一时间想到的往往是如何逃避。本来为了上网查资料才坐到电脑旁，却怎么也提不起劲。跟枯燥无聊、困难重重的课题相比，浏览绚丽多彩的购物网站要轻松许多。但如果想到达目的地，就不能走岔路。明明有事要做，却沉迷于网上购物，怎么可能达到预期结果？如果已经走到了岔路上，那么问问自己目的地在哪里，然后赶紧调整方向。只要往对的方向一直走，当事情有所成就时，所获得的成就感和满足感将人于一切。

借购物逃避现实的心灵配方

为了逃避现实而购物，
并不能解决问题。

仅仅用“别人也都这样”来安慰自己，
只会获得一时的宽慰，
最终的结果还是要自己来承担。
购物狂往往希望通过购物来发泄某些压抑的情绪，
或是用这些物质来填补内心的空虚，
却在购物后开始沮丧、后悔。

心理上越是惧怕的事，
越要想办法去正视它。
接受现实，
绝望的痛苦不会让你一蹶不振，
相反还能帮你挖掘潜能。

与其畅想未来如何如何，
不如把当下的事情做好。

你也沉溺在新品带来的短暂愉悦中吗？

索拉只要一有时间就购物。她每次在买到新东西时，总能感受到横贯全身的痛快的电流。其实她并不是因为需要某件东西而购物，只是单纯喜欢新品带来的愉悦的感觉。

今天她也在到处搜寻着“新猎物”。但问题是，新品带来的愉悦感总是非常短暂。新鲜期过了以后，她就会把东西扔在一边，再也不闻不问，甚至彻底忘记曾经买过这样东西。在她的家中，连包装纸都没有拆开的过期“新品”到处都是。不仅新品的“有效期”非常短暂，她与人的关系也无法长久。尤其是男朋友，基本上是三个月换一个。这就像看好了某样东西就冲动买下来一样，她在开始和结束一段关系时，也总是这样速战速决。

未拆封的“新品”越来越多，与男友的关系也不甚顺遂，她开始反省自己身上是否存在什么问题。那么，她该如何改变呢？

贪恋新品的心理分析

在电脑操作中，如果做错了还可以通过点击退格键，重头来过。如此看来，退格键真是个非常有魅力的按钮，可以让所有事情重新回到初始的位置。在习惯使用退格键之后，不免会对现实感到有些无奈和没有耐心。因为每当在现实中感到痛苦或者发现有些瑕疵的时候，总是想要“重新开始”。

这一点，在索拉频繁的购物和超短期的约会行为中可见一斑。未开包装的新商品，以及完全陌生的新男朋友，对索拉来说都是一个全新的开始，这其实跟“退格键”的作用是一样的。所以，每次看到新商品时才会不由自主地打开钱包，同时把与人交往和与人分手都想得太容易。

现在的她，有必要认识到任何新品带来的快乐都不会持久，而“新的”和“已拥有的”之间的差别也并没有想象中那么大。所以，在下一次想要按“退格键”，陷入新品的诱惑之前，请先关注一下自己已经拥有的东西。虽然现实仍有很多不甚满意的地方，好似重新开始是一件不错的事，但如果总是从头开始的话，也有碍我们积累人生中真正重要的东西。

贪恋新品的心灵配方

电脑可以退格“重来”，
人生却不能随意“重来”。
当一个人总希望所有事情都能从头开始的时候，
她就可能患上了“复位症候群”。
她等待奇迹出现，
或者希望通过上帝、新品、新恋人、
整形、中奖来改变生活现状。
请冷静地思考，
如果不是通过实际努力去改造生活，
它真的会产生变化吗？

多关注“已经拥有的”而不是“还未拥有的”。
每当换季的时候，整理一下自己的化妆台和衣橱，
让已经拥有的化妆品和衣橱再次有效利用起来！

为了朋友之间相互攀比而买

今天大学同学聚会，彩儿为此化了精致的妆，然后非常认真地开始挑选衣服。与大学同学见面跟一般朋友见面不一样，会让她有莫名的紧张感。在老家一起长大的中学和小学同学，彼此都知根知底，什么都好说，但大学同学就不一样了。对彼此不了解的地方还有很多，所以难以完全剔除戒备。尤其是可能被人抓住小辫子的事，是决口不会提的。一般来说，大家都会说一些比较自豪的事情。

现在，所有的同学们都到齐了，就差英智了。在所有的朋友中，彩儿最不喜欢英智，因为英智好像占有了所有彩儿无法拥有的或没有享受过的东西。

最后登场的英智在同学之中引起一片哗然。今天的英智一如既往地打扮得很漂亮。大学一年级还十分老土的英智，在大二的时候做了整形手术，后来减肥成功之后就变得更漂亮了，这一点让彩儿产生了微妙的竞争心。此刻的英智，显得比任何时候都优雅。而更加吸引大家注意的是她手里拿着的那个大牌包包。虽说英智家里本来就很富裕，但据英智说，这个包包是她男朋友送的。

大家围在一起，把焦点都放在英智身上，彩儿冷冷地站在一边，心里很不是滋味。于是，她暗自决心，自己也要去买一个比英智的更好的包包。好像你买的包包有多贵，就证明你过得有多好一样。

因攀比而购买的心理分析

英国著名作家阿兰·德波顿（Alain de Botton）在某一次演讲中曾经说过“没有哪个场合能比同学会更能让人感受到自卑了”。与曾经跟自己就读同一个学校、具有同等潜力的朋友相见，可以轻易地照见自己的生活状况是多么凄惨。再加上几个爱炫富的，内心就更容易受到冲击了。

所有朋友有的东西，彩儿都想要，这种欲望正是对自卑的妥协和屈服。羡慕没什么不对，也不等于低人一等，但是因为羡慕，就想去买同学拥有的东西，就成为了真正的输家。虽然韩国有句古话说“跟着朋友下江南”（意为没有主见地跟着别人做事。——译者注），但是购物这件事，却完全没有跟朋友学的必要。因为，拥有多贵的包，并不代表过得有多好。与其盲目地模仿别人，不如潜心开发属于自己的个性。

因攀比而购买的心灵配方

不要拘泥于物质，让人生更加自由，
精神的充盈才是永远散之不尽的财富。

跟风朋友买东西的时候，
问问自己为什么要买这个，
如果带着虚荣心去购物，
永远也不可能得到满足。

攀比对于女人的心理腐蚀起始于狭隘的思维，
它不是教女人在自己所拥有的东西里寻找快乐，
却是教女人在别人所拥有的东西里寻找痛苦。

物品，是彰显自我个性的道具，
而不是向自卑屈服的道具。
攀比只会令自卑感欲盖弥彰。

Materialism

购物能否填补空虚?

一个阳光灿烂的下午，大家坐在草地上，兴致勃勃地讨论着小组课题。唯有玄英一个人远远地蹲在一边。谁喊了她一声，让她过去坐。但如果坐在草地上，自己身上的这身雪纺连衣裙就会被弄脏，这让她很苦恼。

有一个男同学好心地为她铺了一张报纸，但她还是一脸愁容。如果衣服上沾上灰尘该怎么办？其他穿着连衣裙的女同学都大方地坐在草地上，唯有她一个人抱着包包蹲在一边，同学们说什么也没听进去。

从小在富裕家庭长大的玄英，对于衣服、包包和鞋子，都极其爱护。别的同学们都在忙着聚会，认识朋友，可她对此一点兴趣都没有。在别人与男朋友约会的时候，她总是一个人逛街，精心地经营着自己的外貌。

如果男朋友没有办法给自己买名牌衣服、包、鞋子，也没有办法带她去高档场所的话，她便会觉得所有的约会都索然无味，更不会爱上这样一个人。即使再怎么喜欢，如果对方没有雄厚的经济实力的话，也很难把心交出去。她从小到大没有因为钱的事情烦恼过，为什么会如此物质呢？

信奉“物质就是爱”的心理分析

在日侵时期非常知名的文学作品《长恨梦》里，描写了李守一和沈顺爱的故事。李守一和沈顺爱本来是一对恋人，奈何面对动乱的政局和残酷的生活，在平壤大同江的月下黯然分手。在故事的高潮部分，李守一对听从了父母之言下嫁富翁金钟培的顺爱大喊：

“金钟培的钻戒就那么好吗？”

无独有偶，19世纪末以巴黎为大背景的电影《红磨坊》（*Moulin Range*）里，莎婷也曾高呼：

“钻石是女人最好的朋友！”

时空交错，不管是对莎婷还是对顺爱，物质都代表了爱情。她们之所以抱有这样的想法，跟她们的成长环境以及经历有着非常直接的关系。

玄英从小在信奉“物质就是爱”的父母身边孤独地长大。她的父母每天忙着在外面赚钱，给了她不愁吃不愁穿的富裕生活。他们觉得物质可以表达一切。但对玄英来说并不够，她仍会感到空虚，这时可以填补空缺的只有物质了。所以，为了弥补空虚的心，她不断购物，买新衣服、新鞋子，并且把物质看得比什么都重。其实对她来说，真正重要和需要的并不是物质。因为没有了爱，所有的物质都变得黯然失色。

顺爱抛弃了李守一，转投了金钟培的怀抱。此后她每天带着大钻戒，逛着百货商店，却掩不住无尽的空虚；而每天抱着名牌包，忽略了朋友的玄英，恐怕也无法得到想要的幸福和满足。物质能够满足的需求非常有限，虽然我们可以通过物质来表达我们的心意，却无法用物质来填补心灵的空洞。

信奉“物质就是爱”的心灵配方

没有物质，
不一定失去爱的宠幸；
而没有爱，
所有的物质都将失去用途。

与其抱着名牌包不放，
不如握起朋友的手。

钻石固然好，
但更重要的是谁给的钻石。
不可否认物质是生活的基础，
但如果把物质放在比人更重要的地位，
就永远得不到真正的快乐。

早买、早用的病态

智润只要一看到新出的电子产品就想买。她总觉得在别人面前用最新款的电子产品是令人自豪的一件事情。她对潮流很敏感，对新鲜事物的适应力也很强，俨然是一名“早期使用者（Early Adopter）”。

在万千电子产品中，她最热衷的产品是相机、笔记本电脑、手机等电子产品，尤其是手机，只要每次推出最新款，她绝对是要买回家的。她最多三个月就要换一部手机，为此她几乎贡献了所有收入。其实，除了父母的额外资助和在咖啡馆打零工之外，她并没有多少收入。对她来说，赚钱的目的也是为了买更多的新品，这样才配得上“早期使用者”的身份。

iPhone 刚刚进入国内的时候，明明知道稍等一段时间就会降价，但是她还是不顾大家的反对，迅速买了一部。即便比别人买得贵些，她并不在意。因为毕竟她比别人早用一段时间。问题是，几个月之后又推出了iPhone的最新款，以及其他最新的智能手机。虽然追新款需要很多钱，但她认为这也是没有办法的事。

为什么她冒着陷入经济危机的危险，也要成为“早期使用者”呢？

“领头羊”式购物心态的心理分析

俗话说：“早起的鸟儿有虫吃。”这说明勤劳和手脚麻利是非常有益处的一件事情。这句话几乎适用于所有领域，却不太适合消费领域。因为早买、早用，并不是那么有利的一件事情。而且站在虫子的立场上来看，如果知道鸟起来得很早，那么自己如果也那么早出去，岂不是更容易被吃掉？

专门研究顾客的消费行为的市场研究专家发现，有一批固定的消费者会在新品推出的第一时间就迅速作出反应。他们就是早期使用者。

早期使用者，顾名思义就是比别人更迅速地适应新产品。对于新鲜事物，他们无比好奇和热忱，这跟总是对新鲜事物抱有疑惑和警戒心的普通大众不一样。市场分析专家知道这一群体的壮大将进一步扩大市场，因此他们常常用华丽的辞藻和时尚的标签来标榜这一群体。在这个日新月异的社会，“能够站在时代浪尖的人”，无疑是个很大的褒奖。

而且，从进化论的角度来说，能够比别人更快地掌握和使用最新技术，也是更具竞争力的表现。而且越早开始使用，使用得更久。

于是不管是出于心理、进化论，还是经济性的考虑，他们都觉得好像自己占足了便宜一样。但是，如果只是花了昂贵的学费，而没有把这种“技术”用在正道上的话，一切就不值了。这就像是为了充面子而买了昂贵的音乐演奏会门票，进场之后却忍不住打哈欠一样，花的是典型的大头钱。

让我们来观察一下自己的消费模式，反观一下自己是不是已经成为了早期使用者，然后分析一下成为早期使用者的优缺点。同时也可以反观一下自己是否已经成为了时代的落后者。在瞬息万变的当今社会，“落后者”一词听上去似带有贬义，但是如果想在所有领域都当“领头羊”，恐怕最后只会落得个经济上的落后者。

在这个消费至上、信息泛滥的社会，对我们来说最重要的是如何购买真正需要的东西，以及判断何时才是最佳购买期。是要成为盲目的“早期使用者”，还是成为综合了“早期使用者”和“落后者”优点的聪明消费者，选择权就在你手中。

大学期间，每到期末考试的时候，朋友们为了驱赶困意，总是会叫唤“一定要喝咖啡”。“一定要喝咖啡”这句话，略带盲目性，又有点欲罢不能的无奈。可以听得出来，说话者对于咖啡过于依赖却又无可奈何。

在没有爱上咖啡之前，我也不知道人们对咖啡的依赖性到底能够强大到何种地步。但是，最近我明明知道自己的身体对咖啡反应非常敏感，却还是忍不住奔向咖啡馆。每天至少要喝一杯咖啡。为此，我感到非常自责，同时也感受到了当初朋友们话语间流露出的无奈。

现在，咖啡对我而言已经成了“罪恶快感（Guilty Pleasure）”了。每当无精打采或百无聊赖的时候，只要喝上一口咖啡，那柔润的口感在一瞬间叫醒我所有的感觉，并且让我全身所有的能量都聚集到一起——这就是咖啡的魔力。但这个魔法如果用得过于频繁，就会导致心跳加速，即使在需要休息的时候也停不下来。就这样，一旦上瘾之后，我们将失去对自我的控制，使得调节“紧张与休息”、“欲望和节制”、“开始和结束”以及“前进和停止”的内在力量渐渐弱化，反而被外部力量牵着鼻子走。

仿佛离了咖啡就活不下去的我，每当夜晚辗转难眠时，总是下定决心今后一定要少喝咖啡，但是，当第二天到来的时候，我还是会忍不住又去购买更多的咖啡。这跟在看到催账单或干瘪的钱包时，下定决心要少买东西，却在喜欢的商品前完全“沦陷”的购物狂们没什么两样。也正是因为这样，我开始觉得这个世界上最可怕的人，其实就是我们自己。因为“我”看到了“我”所有的死角，而这些也许是别人不知道的。

上瘾，就像咖啡带给我们的感受一样，充满魅力、刺激、愉悦。在尚未达到“上瘾”这条界线之前，一切的感觉都非常美好。

但我们会为了满足一时的欢愉而毁掉长期以来建立起的稳定的节奏。当我们对某种事物深度上瘾时，想要从这个魔咒中解脱出来就会变得异常艰难，就好像逆乘电梯一样，需要莫大的毅力和努力。

在《23 岁的爱情 49 岁的成功》这本书里，作者赵安李曾经写道：

“嗜红酒如命的老公会设定一个无酒日，在那一天滴酒不沾。”

这一点其实非常值得我们借鉴。一年中总有一天不喝红酒是为了试验一下没有红酒自己能不能过得下去。在那一天，自己要成为红酒的主人，而不是被红酒控制。先试验一下自己是否具备了控制力，即使没有红酒也可以好好地生活，如没有，那么今后不管用什么方法也要戒掉这个嗜好。

人的一生一定有很喜欢的东西。但是如果自己对于这些事物没有足够的控制能力，就无法成为它们的主人。

如果你现在还对某样东西无法割舍，即使知道不应该这样，却感觉没了它就不能活的话……那么你已经进入了“瘾君子”的行列。是否上瘾，能够清晰地表现在我们日常的选择和行为中。即使别人没看出来，自己心里也最清楚。奉劝大家永远不要放弃对生活的控制，做自己真正的主人。

“领头羊”式购物心态的心灵配方

虽说“早起的鸟儿有虫吃”，
但过早购买一些不是真正需要的东西等于花大头钱。
“领头羊”的心态实际是虚荣心在作祟，
短暂的满足过后，
随之而来的是后悔和“吃亏”，
与付出的代价不成正比。

有时成为“落后者”也是一件非常有益的事情。
首先你省下了那笔大头钱，
其次，作为一个聪明的消费者，
你能获得别人更多的尊重。

在最适合的时机，
以最合适的价钱买到真正需要的东西，
是所有消费者应该具备的能力。

学会控制

1. 我们对很多事情都上瘾。与其说是上瘾，毋宁说是“被上瘾”，这体现了上瘾是被动性的。在本章中，我们花浓墨介绍了购物上瘾的现象。但除此之外，大家还对哪些东西上瘾呢？

例：电视节目、咖啡、名牌商品、电子商品等。

2. 下面将这些东西按上瘾级别排列，瘾最大的在最上方。上瘾，虽然可以给我们带来一时的欢愉，可以让我们在那一瞬间忘却烦恼，但长久来看，还是对我们的生活有害。那么，上瘾给大家的日常生活带来了哪些负面影响呢？

看电视上瘾：占据很多应该做正事的时间。
购物上瘾：花很多钱在不必要的东西上。
……

3. 想象一下，在我们日常生活中，如果不对任何东西“上瘾”，会是怎样一番景象？

4. 解决购物上瘾问题，现在马上能做的有哪些？

停止刷卡，身上只带一周所需现金。
认真记账。
不和喜欢买东西的朋友一起逛街。
……

著名时尚咨询公司老板，时尚界人气专栏专家布兰达·金赛（Brenda Kinsel）在其著作《女人私衣柜：40完全穿衣守则》（*40 over 40*）中提到购物其实是为了填补我们的情感缺失，为此她提出了更加实用的建议。

“当我们感到疲惫、生气、孤单的时候，作选择的能力直线下降。在这种状态下，如果要逛街的话，我建议大家去一些可退换的大商场，这样等情绪恢复的时候，还可以做出最大限度的挽救，可以防止因为买了太多不必要的东西而把自己搞得焦头烂额。”

我们每个人都会出现情绪不振的时候。对此，每个人的补偿方式都不同。如果自己习惯于用疯狂购物来排解情绪，那么与其让自己憋着不购物，不如采用布兰达的方式，也许更加容易一些。

Chapter Ⅴ 隐藏情绪的女人

人愤怒的那一瞬间，智商是零，过一分钟后恢复正常。人的优雅关键在于控制自己的情绪。不要习惯压抑情绪，也不要放任情绪控制我们的言行。要试着接受、想开，唯有释怀才能让心找到出口。

惠真称自己是个极度敏感的人。她说，有一次看到我的书的前言中有关“极度敏感”的文章，竟一时眼圈发红。

“也许是因为那个时候心情不太好，但当我看到那篇文章的时候，真的觉得每字每句写的都是我的心情。”

为了安慰自己，她把书买了回去，却迟迟不肯翻一下。她害怕书中的内容全部都与自己的情况吻合。那样就意味着自己真的有问题了。

她虽然平时也挺喜欢读心理学书籍，但是顶多是对书中提到的内容点头认可，但却从来没有想到将理论应用到现实中来，以更好地指导自己的生活。

“我知道书里面说的是对的，但最终要付诸实践的是我本人啊。我真的不太敢直面自己的感情。我实在太敏感了。”

她害怕自己一直以来好不容易抑制下去的情感会在一夕之间全部爆发出来。所以，她只是盯着书的封面《没事，没事，一切都会没事的》来安慰自己的心。

“我的大脑知道，我根本不用焦躁不安。但是真正实践起来好难。明明知道不用这样，却无法自拔。”

当感情或情绪出现问题时，她也想用理性的方式加以控制，但是感性总是会跑到理性前面去。最后留给她的，只有无尽的后悔和郁闷。她总是这样，即使风平浪静，也很容易感到不安，对过去的事情总是过于执念，没法用理性和合理的方式来对待问题。与朋友的关系也是这样，有些情绪该过去了，但却一直卡在她心里，久久无法散去。

其实，作为本书的作者，我何尝不是经常被情绪和情感的问题困扰呢？很多人都跟惠真一样，心理暗示着“不能这样”的，还是做出让自己后悔的事情来。而这些累心的问题，都可以归结为情绪的问题。

在本章，我们将来着重了解一下：

为什么明明知道不应该，却还是难以控制？

一旦陷入某种感情，就再也出不来，这到底是一种什么心理？借此，我们可以切实地感受到我们心中的正面情绪和负面情绪，并了解到为了丰富多彩的人生，我们到底需要什么？

存在的问题

1. 被情绪左右，什么事都做不了。

2. 深陷于一种情绪之中，感受不到其他。

3. 因为情绪问题，影响人际关系。

4. 因为负面情绪造成心理问题。

不安，没法停止胡思乱想

秀美最近每天都泡在网上看新闻。浏览网页，时间过得总是很快。她除了看新闻，还会顺带着看与之相关的评论。如此一来，受到各种负面新闻的影响，她总觉得这个世界已经无可救药了。其实她自己也知道这样天天泡在网上看这些东西非常浪费时间，并且会让自己的心情变得不好，但她就是停不下来，真是奇怪。

上网的时候，她会下意识地顺着各种链接一直点下去。比如今天谁在回家的路上被强奸了，谁又因为交通事故死了等等。由此心生感叹，这个世界上怎么会有这么多犯罪和暴行。于是，晚上独自回家，搭电梯的时候，她都提心吊胆的，甚至怕跟邻居家的大叔碰上，唯恐避之不及。

浏览完网页之后，晚上躺在床上的秀美辗转反侧。一些负面的想法会一个接一个地在她的脑中闪现。除了社会上发生的乱七八糟的事，还有其他事情也常常让她烦心，今天有没有什么事情办得不妥当；明天的事情还有什么没作准备等等。不安的心情让她心跳加速，辗转反侧难以入眠。那么，她为什么总是这般忧心忡忡呢？

“不停胡思乱想”的心理分析

她的习惯性不安，很大程度上是受了母亲的影响。她的母亲在看到新闻报道之后，就会对她诉说种种不安。而且，如果哪天秀美在没有先打过招呼的情况下稍微晚点回来，母亲必然会有数个电话追来，不断强调这个世界有多可怕。在秀美感到不安的时候，母亲非但不予以安慰，反而自己也跟着不安起来。正因为她从小就是在这种氛围中长大，秀美才会比一般人更容易感到不安。

而且在感到不安的时候，她还会继续做一些增加不安的举动。比如，本来已经觉得“这个世界非常不靠谱，不能轻易相信陌生人”，却还要不断地看社会不良新闻，让自己陷入到更深的不安之中；或者追看一些对平复情绪没有任何帮助的评论，自己的不安不但没有减少，反倒直线上升了。

她所感到的不安、恐惧、担心，让她做任何事的时候都非常吃力，因为在做出任何举动之前，她的心已被紧紧地束缚住了。即便是这样，她仍然继续用这种模式，不想办法解决自己的情绪问题。

仔细观察一下便可得知，秀美身边的朋友们跟她很像。朋友见面，聊两句自己的不安，希望从朋友那里获得安慰和力量也是正常的，但是她们总是把自己所有的负面情绪都拿出来没完没了地说，结果只让自己变得更加忐忑。当两种情绪相遇，如果是以“你感到不安吗？我也是。”“这个也不安，那个也不安”的方式交流的话，不安只会呈指数倍增长。

因为不安，所以继续搜索新闻；因为不安，所以见到朋友们就一直叫苦连天；还要接正处于焦虑中的妈妈的电话，这一切只会让不安逐渐升级，而无法从中走出来。那么，为什么她总是在不安的基础上，还要做一些令自己更加焦虑的事情呢？

虽然想脱离不安，做出来的事却加重不安的情绪，这在心理学被称为“担心的魔法”。我们潜意识中觉得，有些事情如果事先担心过、不安过，那么这些事情就不会发生。因为太希望不要发生，所以才急于抓住救命稻草，施一些根本不现实的“魔法”。

对于秀美来说，事先担心就是一种魔法，一种让不好的事情不发生的魔法。秀美之所以那么关注有关暴力方面的网络新闻，就是因为害怕这种事情发生在自己身上，为此在心理上时刻准备着。担心没有为明天作好准备，是害怕明天会因为准备不周而误事，所以事先让自己心里有个谱。

人生充满了不确定性，而我们对抗这种不确定性的力量十分有限，因此自然被这种“魔法”吸引。我们年轻，内心的力量薄弱，所以错以为提前担心可以让未来有保障。当我们感到不安的时候，若身边没有一个“理性”的声音来给予安慰，那么我们自然会倾向于一些不现实的情绪。

这种魔法也是习惯性的。好像心里一旦有条路走通了，就觉得这条路是最便捷的。当我们习惯了不安，那么在本不值得焦虑的事情上也会有相同的感觉。“不安的魔法”让我们试图控制自我情绪的努力都付之东流，没有办法轻易地排解不良情绪。为了从这种消极的情绪旋涡中走出来，我们需要善用理性思维，加强对意识的控制。

“不停胡思乱想”的心灵配方

很多人天生容易焦虑。
那么反观一下自己的焦虑状况，
分析一下这里面“天生”的成分有多少，
与成长环境相关的成分有多少，
这对我们理解和接受不安情绪非常有帮助。

“不安的魔法”——好像担心过了，
事情就不会发生，
只会让我们沉浸在焦虑和担心中无法走出来。
观察一下自己为什么无法摆脱不安，
找出一些实用的应对方案。

不安的时候，
可以找周围的人倾诉一下。
但切忌去找比较情绪化的人，
那样只会加深不安的程度。
对于不安，我们要做减法，
而不是加法。

郁闷，什么事情都不顺

智贤跟男朋友大吵了一架。最近因为部门调动，所以有很多事情要处理，智贤感到压力很大，心力交瘁。可偏偏男朋友还不理解她，这让她很伤心。刚与男友交往的时候可不是这样子的。相比于没有自信，没有意志的自己，男友是一个充满自信和责任感的人。她就是喜欢男友这一点。

让智贤伤脑筋的事情，男友总会及时提出解决方法。她有时也纳闷，男友怎么总是那么善解人意。相比于自己的情绪化，她更喜欢男友的理性和丝丝入扣的逻辑。但随着时间的流逝，事情开始发生变化了。虽然说不清到底是什么问题，但智贤总觉得两人之间的关系变得越来越“虚无”。以前的自己，是多么喜欢他及时给自己提出建议和方法，而且做事从来不拖泥带水！可是最近不管他说什么，她都听不进去。

“我希望男朋友对我说的不是‘正确的话’，而是‘让人听着舒服的话’。”

为此他们昨天大吵了一架。

“我跟他说最近部门调动，所以有些郁闷。他就说，所有的人都喜欢喊郁闷。并且给我分析，调入一个新的部门意味着一个新的机会，对事业发展是有利的。如果是以前的话，我可能会点头认同；但在心情沮丧的情况下，听到这种话就觉得非常火大。好像谁不知道似的。”

在说这些话的时候，她看起来非常沮丧。男友说的话都对，她也没办法反驳，只是觉得为什么男友就不能先理解一下自己的心情。那么，她为什么郁闷？他又为什么理解不了她的郁闷呢？

“感觉不被理解”的心理分析

一看就知道智贤和她的男友，一个属于感性型，一个属于理性型。当初正是男友的理性吸引了智贤。相应地，男友喜欢智贤也正是因为她情感丰富。如果过度追求理性、逻辑、合理的话，生活将无趣得一如死水。所以，遇到了气质忧郁的智贤，在为她排忧解愁的过程中，男友感受到了前所未有的乐趣。如果说，智贤在男友身上找到了安全感；那么，男友则从智贤身上找到了生动感。但随着时间的流逝，她慢慢地懒得再去整理自己的心情，凡事都依赖男友的“分析”。时间长了，对方身上的差异性再也不像原来那么有魅力了。

并且，男友已经厌倦了不断消沉的智贤，跟她说多少都听不进去，反倒会责怪自己不理解她的心情。在他看来，这个世界没有那么复杂，也没有那么多障碍和困难。如果有五件事要做，那么就从最重要的开始做起就好了。这样无端的意志消沉实在是无病呻吟。

同时，智贤也很痛苦。虽然她很清楚男友说的话都对，但在听他逻辑分明的分析过程中，只觉得自己越发渺小——好像自己什么都解决不了，只知道天天哼哼唧唧地抱怨。她希望男友可以适当地体恤一下她的心情，给她一些温暖的安慰，而不只是冷冰冰的分析。让她获得力量的唯一方法就是与她的情绪产生共鸣，并且静静地等待她自己来解决问题。因为不管别人提出看似多么有效的解决方法，那都是别人的。

同时，智贤也不应该抱怨男友无法理解自己，而是要设身处地地为男友想想。要为一个意志消沉的人不断加油打气本来就不是一件容易的事情。

在有关抑郁的诸多心理学理论中，最受公众认可的就是“认知疗法”。所谓认知，主要是指我们如何思考，而这些思考又是如何影响我们的情感的。从认知的角度来看智贤的情况，就会发现负面思考对她的抑郁情绪影响非常大。

每当要自己解决某件事情的时候，脑海中总会自动浮现出“我肯定不行”这种想法。我们在做某件事之前，脑子里都会快速进行“自动化思维”。

这种自动化思维的力量非常强大。它会在我们未曾意识到的情况下占领我们的心智，让我们在面对本来可以做到的事情的时候，自动为我们贴上“不行”的标签。本应该可以做到的事，却感觉自己不行，这会让我们彻底失去自信和对自我的控制力。这样下去，做不到的事情就会越来越多。

心理学家苏珊·诺伦·霍克西玛在其著作《想太多的女人》中，详细说明了为什么女人总是喜欢想一些破坏心情的事情，并且这种想法还一个接一个，没完没了。她发现，女性患抑郁症的几率是男性的三倍，并对其原因进行了深入的研究。结果发现，女性是关系至上的群体，一旦她们发现关系中的不确定性和无法控制的地方，情绪就会变得抑郁。也就是说，对于人际关系，女性比男性想的要多得多，并且是曲线思考。

数学考试很容易出现一百分，这是因为答案只有一个，并且逻辑性很强。但一旦涉及到人与人之间的关系，就没有那么简单了。“我的朋友今天为什么没有跟我打招呼？”这种问题真是很难明确地回答。

最近比较烦，比较烦

刚升入高中的紫英最近总是把“好烦啊”挂在嘴边。在家里，她是父母的心肝宝贝；在学校，她是品学兼优的学生。所以父母自不用说，老师和朋友们都非常喜欢她。但是，最近她对一切都感到厌烦，心情非常不好。有的时候，心情稍微好一点，又会因为一些小事再次跌落谷底。

昨天是因为妈妈烦，今天则是因为妹妹，可能明天又会因为朋友烦，大后天则是对自己感到厌烦吧。虽然她总说“很烦很烦”，但究其原因，却又说不出个所以然来。

她也不知道为什么这么烦躁，就是克制不住地想要大喊“好烦！”“都怪你”，但即使这样发泄之后，烦躁的情绪依然没有得到缓解。家人也要看她的眼色，或者干脆无视她。大家都觉得是因为处在青春期的原因。

“感到烦躁”的心理分析

她正在经历青春期。青春期的时候，我们身体内的能量像火山爆发一样喷涌而出。随着思考的范围逐渐扩大，我们开始了更加深刻的反思，同时我们的世界也在不断扩张。我们想认识更多的人，会抱有更多的欲望，看得更多，知道得更多。

虽然每个人都感受到了短期内爆发出的无限能量，但毕竟还不是大人，甚至不知道该如何给这些爆发的能量命名。欲望和热情已经澎湃，但是还没有完全作好准备，所以虽然想做些什么，却什么都做不成。这感觉就像被关在监狱一样。这个时期，如果限制自己的能量发散，阻碍他们实现自己的理想，都会遭到他们的顽强抵抗。想要表现的东西呈指数倍增，与此同时，阻碍其表现的外部压力也很大，他们找不到合适的方式来表达——于是，最后所有的情绪全部都转变为“烦躁”。

烦躁这种情绪，无法找到明确的源头。只是一种非常讨厌当前状态的情绪。如果单单只是想改变这种状态，倒是可以去寻找问题的根源所在，但如果已经到了“烦躁”的级别，那么所有的努力都会瞬间变得苍白无力。如果问他们为什么发脾气，他们只说“不知道”。有的时候不是不知道，是无法知道，或者根本不想知道。即使知道，也会犹豫这种情绪说出来是否适合，因为自己的不确信，所以内心混乱。

情绪的表现有两极性。所谓两极性，就是一方面是积极的，而另一方面是消极的。如果情绪不满，又不知道该不该表达出来的时候，势必会感到郁闷至极。这时，如果身边的人对你的情绪不予以安慰，而是问“你怎么回事”，或者根本对此毫不关心的话，我们自然而然会压抑和否认自己的情绪。无法向外喷发的情绪，在我们的压制下，只能在内部不断回旋。我们因此失去了恰当表达情绪的机会。

我们对于同一个事物或者对象可能会抱有非常微妙和复杂的情绪。比如说对于常常唠叨的妈妈，虽然会觉得厌烦，但是世界上最爱的人可能也是妈妈；同理，男朋友约会迟到的时候，你可能会很生气，但是在遇到事情的时候最想依靠的人还是男朋友。在感情表达尚未成熟的时候，我们很难准确地表达出自己的情感。

有时候要表达的东西有很多，但又难以将其全部表达出来，所以青春期的时候，很多人都莫名地觉得烦躁，甚至长大后，也没有从这种情绪中走出来。不管你的情绪是积极的，还是消极的，我们要做的首先是接受它。而当我们表达完自己的情绪之后，如果身边有人正面给予回馈的话，我们便不会再感到烦躁，而是实现了真正的沟通。

“感到烦躁”的心灵配方

当情绪逐渐膨胀的时候看清自己的内心情绪，
并给它一个合适的名字。
当你意识到自己的情绪不对劲后，
你要去辨识，
有哪些是自己应该负责却没有做好的，
又有哪些是外在的原因造成的。

请拥抱你的情绪，
不管是积极的，还是消极的。
想了解自己的情绪以及情绪所包含的讯息，
就得去体验、探索并表达它们。
真正健康、有活力的人，
是和情绪拥抱在一起的人，
因为她们懂得驾驭、
协调和管理自己的情绪，
让情绪为自己服务。

正确表达情感，
也是可以通过练习提升的。

真嫉妒，我怎么就这么差劲呢?

敏珠从刚才开始就不太爽。刚刚跟老朋友见面回来，心情不太好。善丽和她从高中时代起就是好朋友。当时还有几个比较好的朋友，总是三五成群的，关系十分要好。上了大学之后，彼此也经常联系。但是最近敏珠每次见到善丽心情都不是很好。一直到高三为止，善丽的学习成绩都没有敏珠好。但是高考的时候敏珠有些发挥失常，分数比平常低了好多；相反，善丽却超常发挥。结果，善丽去了敏珠一直想要去的那所大学和她一直向往的专业。

每当听善丽提及她的大学生活，敏珠心里面总会想："明明以前我学习比你好多了……"同时心里不免一阵酸涩。再加上最近善丽还交了个男朋友。敏珠也很想交男朋友。她本来以为上了大学男朋友就会自动出现，但是现在却发现，男女双方要互相喜欢并不是件容易的事情。虽然她已经努力了一年，但连合适的约会对象都没找见。

与她相反，善丽之前已经跟很多人见过面，并且最近已经相中了其中一人，两人正在交往。看着因为有了男朋友而欢呼雀跃的善丽，作为朋友本该为她高兴，但敏珠却因为自己的这种微妙情绪而恼火。其他朋友都在拍手叫好，好像只有她在一旁小心眼地嫉妒人家，敏珠非常不喜欢这样的自己。竟然嫉妒最好的朋友！仔细想想，敏珠好像不只是嫉妒善丽，但凡看到有些人在某些方面比自己好，她都会嫉妒。为此，她自己也觉得挺累的。她也希望，在别人顺风顺水的时候，自己不要小肚鸡肠，能够真心地祝福别人，但是她就是止不住嫉妒。这是为什么呢？

“嫉妒别人”的心理分析

我们每个人身上既有共同点，也有不同点。有时，这种差异会很明显，由此人们就会将自己和别人进行比较。如果我身上有某些优点，即使其他方面稍微不足，也还可以接受；但如果在个人特别重视的一些问题上，别人比自己强的话，就不太好接受了。经常拿来比较的东西，其实就是自己最为重视的东西。

同时，进行比较的群体也非常重要。我们经常比较的群体大多为朋友或者同事，他们被称为“同辈群体 (Peer Group)”。我们以她们为基准来评价自己，从这一点来说，她们也被称为“参照群体（Reference Group)”。敏珠常常作比较的对象都是敏珠的朋友，其中最主要的一个比较对象是曾经与敏珠成绩差不多的善丽。现在她最关注的是“学业成绩”和“异性关系”，所以面对着学业爱情双丰收的善丽，才会产生强烈的嫉妒。因为善丽拥有了敏珠所没有的东西，这刺激了她。

与嫉妒相关的还有“羡慕”和“妒忌”。羡慕是对那些具备了我们认可的重要价值的对象抱有的赞扬和崇拜，这跟粉丝们对偶像的崇拜差不多。相反，嫉妒是面对那些拥有我们不具有的价值的对象产生的负面情绪。嫉妒进一步加深就变成了“妒忌”。强烈的妒忌心会招致“不是你死就是我亡”的愤恨，也就是想要“摧毁”对方的心理——不管是实际上的，还是形式上的。如果不能造成实际的伤害，那我们就会在背后中伤对方，或者诋毁对方，给对方加以形式上的伤害。有时候，我们在想象的世界或者梦境中也会“加害”对方。

在此前引起过巨大轰动的系列电影《女高怪谈》中，女学生因为妒忌害死了自己的朋友，而最后她的朋友变成厉鬼回来报仇——这一结果告诉我们，强烈的妒忌如果不能加以控制，必然会造成毁灭性的后果。

当我们在妒忌一个人的时候，实际上也是在自我诋毁，会因为感到“我怎么成了这个样子”而内心颇受煎熬。但，并不是所有的嫉妒和妒忌都不好。这种情绪可以帮助我们看到自己不足的地方，意识到自己最重视的是哪方面，以及自己到底想成为什么样的人。

重要的是，每当产生这种心理的时候，首先需要“关注”的是自己，而不是别人。其实，敏珠见到善丽时所感受到的情绪，并不是善丽带来的。也就是说，我们内在的缺乏并不是别人造成的，而是自己本身就有的感受。所以，不要把这种情绪归结于别人身上，好好想想如何善用这种“情绪”。之前我们提到的“参考群体”，只能提供参考，最后的标准由自己制订。

音乐家安东尼奥·萨列里（Antonio Salieri）的出名，并不是因为他惊人的音乐天赋，而是因为他对莫扎特的嫉妒之心。据说，当年他非常嫉妒莫扎特的音乐天赋。关于他的嫉妒，甚至还拍成了一部电影，名作《阿玛迪斯》(*Amadeus*)。如今，我们记住了莫扎特的音乐，却对萨列里知之甚少。这一方面说明了莫扎特的音乐确实更胜一筹，另外一方面也意味着，萨列里几乎把所有的精力都浪费在嫉妒别人上了，真正艺术创作的时候，已经心有余而力不足了。

我们总是从比别人优秀的部分找到自信和幸福。但这并不意味着我们要所有方面都比别人优秀。如果你现在正在为自己的嫉妒之心而感到疲惫，那么请先冷静地分析一下自己最擅长的是什么，自己不足的地方又在哪里。如果你因为别人拥有的而妒忌对方，并且任之越演越烈，不如想办法去填补这方面的欠缺。

嫉妒别人的心灵配方

嫉妒的源头，不是别人而是自己。
当嫉妒心理萌发时，
或是有一定表现时，
积极主动地调整自己的意识和行动，
从而控制自己的动机和感情。
要冷静地分析自己的想法和行为，
同时客观地评价一下自己，
当认清了自己后，再重新认识别人，
自然也就能够有所觉悟了。

善用嫉妒的心理，
意识到自己最重视的价值，
以及自己不足的地方。
有意识地提高自己，
是消除和化解嫉妒心理的直接对策。

做想要的自己，并为此不断努力。

气死我了，到底把我看成什么了

世景今天很早就起来帮老公出差作准备。前一晚上，因为孩子吵闹觉也没有睡好，今天又起了个大早，准备早饭，照看孩子。老公天天喊着累，没事就大发脾气；孩子也闹个不停……围绕着他们，世景每天都忙得毫无头绪。结婚前自己本来还有很多梦想和热情，可如今只觉得每天都筋疲力尽。

昨天婆婆来到家里，用一种不满的表情阴阳怪气地发了好一顿牢骚。如果是以前的话，她会觉得长辈说的话一定是有道理的，并且会想方设法地理解对方，但是现在听着就烦。为什么大家都来折磨她呢？想到这个她就冒火。跟老公谈谈，老公也是一脸疲惫的样子，听都不想听。

待在家里实在憋闷，于是她带着孩子出了门。可是出去后又不知道去哪里，这让她多少有些落寞。最后突然想到可以去图书馆借书看看。于是在换乘了两辆公交之后好不容易到了图书馆。当她哄着孩子准备进图书馆的时候，图书馆的工作人员突然拦住了她。

她茫然地抬起头，工作人员要求她把身份证暂时押下。但是把包里的东西翻了个遍，也没有找到身份证，可能是落在化妆台了。一年前她来这里的时候，根本不用押身份证，可以自由出入，现在却被工作人员拦截，世景有点火大。但是她忍住了，想跟工作人员说说好话让她进去，但工作人员断然拒绝了她。

“不行！”

“不行”这句话，让她突然崩溃了。一直压抑着的火气瞬间爆发。

“为什么不行？我是孩子他妈就瞧不起我吗？为什么都跟我过不去？”

听到叫喊声，图书馆里的人都朝这边看过来。羞愧之下，她更生气了。长久以来积压的怨气，都在这一刻爆发。也许过后会后悔，但此刻实在忍不住了。那么，她为什么会突然爆发呢？

对“不行”过度敏感的心理分析

“不行”这句话，瞬间成为了世景最不能接受的一句话。因为已经有太多人跟她说过这句话，周围的人无视她的存在，丝毫没有考虑她的感受。她并不是非要进图书馆不可，只是为自己一直受到的怠慢而生气。但显然她选择发火的对象、场合都是不对的。工作人员不过是在向她说明图书馆的规定。但在照顾孩子老公、服侍婆婆的过程中，世景心里积累的情绪已经太多。这些情绪曾经被一再打压，直到这一刻才爆发出来。这就像一个杯子中已经装满了水，即使往里面多加一滴水，也会溢出来。

情绪一旦爆发，便一发不可收拾。在图书馆工作人员面前，她把此前沉积在心里的所有情绪都爆发出来。外人可能会纳闷她怎么会突然发那么大的火，其实在她内心深处积怨已深。

所谓“发火”，其实是我们为了捍卫自我时产生的情绪。当别人藐视我们、随便对待我们、不尊重我们的时候，我们会通过发火的方式向对方提出警告——“请尊重我”。

在日常生活中，她常觉得没有受到尊重。生完孩子后，受到荷尔蒙的影响，再加上身体劳累导致情绪不稳定。然而这个时候身边的人谁也没有体恤过她，反而要求她这个要求她那个，把她当成了一个理所当然的存在。所以，她当然会生气了。所有的人只知一再向她索取，但当她真正需要什么的时候，对方却总是以“不行”予以拒绝。

只是，她的表达方式和表达对象统统搞错了。在一个地方受了气，却到另一个地方去撒气，有用吗？即使发火也不该对图书馆工作人员发，而是在周围人向她提出不合理的要求的时候，对他们发火才是。

另外，有一点我们要记住，生气或发火可能只是我们所有情绪中最为表面的那一层。表面上呈现出来的情绪和内心的真实情绪可能不同，这种差异甚至连当事人也不是很清楚。我们看到一个人外在的情绪之后，可能会觉得“那个人生气了”，但实际上她内心的情绪比外在的表现复杂很多。一种情绪可能会包裹着各种情绪。一个表面上看起来正在生气的人，心里可能是悲伤的、羞耻的或忧郁的。

世景的愤怒中，同样也夹杂着无法受人尊重的悲伤。但是，人们更熟悉愤怒的表达方式，所以大多数时候人们喜欢用愤怒来表达内在的所有情绪。所以生活中我们更应该着重于观察每个人，分辨其千篇一律的外在表现下真正复杂而微妙的情感。

对“不行”过度敏感的心灵配方

在想要发火的时候，
不要急于爆发，
也不要极力压制和忍耐，
而是首先认清自己的情绪到底是什么，
然后再找合适的表达方式。

自己留心观察一下愤怒的外在表现之下，
自己真实的情绪到底是什么。
只有看清自己的情绪，
才能主导情绪，
成为情绪的主人。

当我们发火的时候，
如果可以用适当的方式向适当
的对象表达自己的愤怒，
其实有助于排解这种情绪。

我想我会一直孤单

秀芝这一周就相了3次亲。跟男朋友分手已经3个月了。这3个月来她几乎是马不停蹄地相亲，还拜托身边所有朋友为她介绍。相亲，既有可能认识到有意思的人，而且也算是打发时间的一个好方法。但是时间一长，她变得更加小心，更加孤单了。即使遇到了还不错的人，也觉得哪个地方不太合适，最后都不了了之。

即使经过约会，最后升级为男女朋友的关系，似乎也没有办法解决秀芝的孤独——对此，秀芝也觉得十分无奈。之前交男朋友，也是因为那不可救药的孤独感。但是在一起后，孤独感也没有消失。虽然身边多了一个人，孤独感仍然如影随形地跟着自己，为此只好无奈地分手。但现在她还是孤独，所以还是想有个人能陪在身旁。

那么，为什么她总是感觉到孤独呢？还有，找个男朋友真的是解决问题的最好方法吗？

感到孤单的心理分析

诗人郑浩承曾经说过："因为孤独才是人。"孤独，是我们每个人在成长过程中必然要面对的一种情绪。因为孤独，所以为人；因为孤独，所以要找另外一个人来陪伴。有些人唯独难以承受孤独，所以他们一定要找人陪在自己身边。但有时即使扎在人堆还是感觉孤独难耐。这很有可能是因为我们与人交往的过程中，大多都只停留在表面关系。

只停留在表面关系的交往，只会让孤独进一步加深。周边明明有很多人，看似大家关系都不错，但如果还是感觉到孤单和苦涩的话，那说明这个表面上"好"的关系并不是出于真心。孤独，敦促我们真诚地与人建立关系。

现在的秀芝仍然固执地相信，只要找到男朋友，自己的孤独感就会减轻，自己也会获得更多的勇气和能量。但是，回望一下过去的经历就知道，所有的男朋友都未能将她从孤独的深渊中解救出来。以前，她只要一交男朋友，就会自动忽略其他关系，但即使是跟男朋友在一起的时候，也没有真诚以待。所以，当她与男朋友的关系出现问题的时候，周边连个出谋划策的人都没有，因此只觉得更加孤独。

她每次都希望男朋友可以把她从孤独中解救出去，但她又不跟男朋友掏心窝子地沟通，结果越发孤独。

我们每个人都是孤独的。但是，我们不应该期望通过与别人在一起来“消除”孤独，而是要彼此“共享”孤独。唯有我们真心地陪伴别人，并且潜心照顾对方的时候，孤独才会升华，不要总是指望别人来陪伴自己，倾听自己。当我们再次抱怨身边因为没有谁而感到孤单的时候，请记住——我们孤独，不是因为我们需要谁，而是因为我们没能陪伴在谁身边。

感到孤单的心灵配方

如果我们一个人无法排解孤独，
那么即使跟别人在一起，
情况也不会有太大的改善。
大多数人都会很在意他人的眼光，
会被他们的话语、行为所影响，
所以要做一个孤独而悠然自在的人很难。
走在一个人的路上，
相伴的只有孤独和“缺爱”之感。
可是，每个人都是独立的个体，
必须学会安然面对自己。

孤独，是连接你我的纽带。
它不应该“被解决”，
而应是“被分享”。

停留在表面的关系，
只会让孤独加深。
发自内心的关系才会让孤独转化为充实。

爱自己，不被感情束缚

我们在本章已经分析了很多“明明知道不应该这样，却不可避免地陷入情感束缚”的原因，也探讨了针对不同的情况应该如何做出调整。最后，我们来补充一下关于情绪我们一定要知道的三件事情。

不要回避情绪，不要被情绪束缚，而是要肯定它

当我们心里出现疙瘩的时候，我们首先想到的是忍耐，或者调整，或者急于撇清——这是我们的社会从小教育我们的。因此当我们见到大胆表达自己情绪的人，甚至会觉得可怕。但是，我们需要表达的通道，这样才能更好地控制它。

情绪即便被一再打压，还是会回来找我们，就像追债人一样。越是逃避情绪，对它的恐惧越大。如果负面情绪一味压制反而会招致更大的反弹。

心理学家曾经试图了解，坚持把负面情绪写在日记里，

对我们的精神健康有多大好处。于是他们把试验人群分为两组：一组可以在日记里想写什么写什么；另一组则要求把负面情绪写在日记里。在开始的几周时间里，那些被要求写下负面情绪的一组显然比另一组更加不安和忧郁。因为那些本来想要忘却的不良情绪又被重新唤醒，在写下来的过程中仿佛又重新经历一次那些不好的事情。

但六个月后，事情发生了逆转。当时记录负面情绪并在此过程中获得自醒的人要比其他一组更加健康。而且即便再次出现不良情绪，也可以轻易地走出来。

这个实验结果告诉我们，我们要直视情绪而不是回避它。大家如果现在正在经历某种痛苦情绪，请把它记下来。拼命地逃避只会像掉进沼泽一样，越挣扎陷入越深。

面对负面情绪，我们要勇敢地谈论它、表现它、整理它，让它与自己相处。最终我们将冲过漫长的黑暗之夜，重新走进充满阳光的世界。

如何从情绪中“走出来”，比是否“陷入”情绪更重要

很多人会这样说：“我总是太敏感，感情用事，真是个问题。”但这并不是个问题，相反，没有任何情绪才是个问题。爱、幸福、讨厌、嫉妒、伤心、忧郁、孤单、高兴、陶醉、愤怒、倦怠……这些情绪就像是五彩斑斓的染料一样点缀了我们如同白纸一样的平淡人生。如果没有情绪，

那么我们的人生将毫无生机可言。但对我们来说，最重要的不是“陷入”情绪，而是如何从情绪中“走出来”。

本章我们介绍的所有主人公，都陷入了某种情绪中，想逃却逃不出来。痛苦的不仅是她们自己，还有她们身边的人。倘若，她们能对自己的情绪更加坦诚，懂得用恰当的方式表达，她们会陷入一种情绪，但同样懂得从中走出来，她们将更加生动地体会到其他丰富多彩的感受。

所有的情绪，都有有利的一面

不管是积极的还是消极的情绪，都有其存在的意义和作用。虽然我们特别害怕负面情绪，总是想方设法打压它，但仔细想想，正是因为负面情绪的存在，才让我们的人生更加生动和丰盛。负面情绪是促进我们成长的重要原动力。

如果没有嫉妒，我们不会不断地充实现有的自己，成为更加优秀的人；如果没有愤怒，今后即使别人随便怠慢自己，也会束手无策；如果没有孤独，就不会知道男友和朋友的可贵；正因为有了忧郁，对于生活拥有了更多的控制能力；正因为有了不安，才不忘为未来作准备。

诸如此类，这些情绪虽然从表面上看是不好的，实则对我们的人生非常有帮助。面对负面情绪，我们不要只是拘泥于它不好的一面，而要想着如何让心灵历程的挡路石进一步升华，更好地指导人生。

我们的人生即是如此，不管是积极的还是消极的情绪，我们首先是感觉它，停留一段时间，然后再与这段情绪作别，今后或许还会再见面。生活仍在继续，我们的情感也会时刻改变，在经历这么多之后，我们无疑变得更加坚强。

在为别人做咨询的时候，我目睹了很多人的情绪变化，亲眼见证了她们如何被情绪掌控，又是如何克服自我情感的困境，展开人生新局面的过程。

在咨询疗程结束后，一位咨询者说，她对自己的人生曾经抱有很多愤怒，为了压制这些愤怒十分辛苦。但是，当她学会了如实地表达自己的情绪之后，她发现了藏在愤怒背后的其他情绪。她说："即使伤心也没关系，现在才觉得这才是最真实的心情。"

的确，唯有掌握了情绪的方向，我们才能真正成为情绪的主人。然后我们就会发现接受已存在的情绪并不是什么难事，同样表达情绪也没有什么困难。与此同时，当我们可以无障碍地感受和表达我们的情绪，就不会再被情绪束缚，那么我们的人生将每时每刻感受到最生动的情绪。我们是为了享受情绪而来。从现在开始，不如成为情绪的主人，让情感的交流更加通畅和活泼，让我们的人生向着更加生机勃勃的方向前进吧。

成为情绪的主人

1. 我们的情绪大多跟自我概念（Self-Concept）有关。那么大家最常感受的与自我概念有关的情绪有哪些呢？它们对日常生活又造成了哪些影响？

羞愧：好像没一件事能做好。即使有人称赞自己，也觉得是他们还没发现自己的“无能”。常常为自己感到羞愧。
生气：不管何时何地，只要觉得被忽视或藐视，就会大发脾气。内心深处强烈地觉得绝对不能被“看不起”，所以即使因为一句话，也会怒气冲天。
孤独：没法自己待着，习惯性找人陪伴。

2. 关于情绪表达，周围的人是什么样子的？小的时候是如何，现在又有什么差别？对你来说比较重要的人，他们直接或委婉的情绪表达，对你造成了什么影响？

平时不发一言，但会突然发火的爸爸，情绪表达非常迟钝的妈妈，情绪表达非常夸张的姐姐……在成长的过程中受到他们的影响，所以惧怕表达情绪。

3. 有时候我们口是心非，我们所表达的情感与内心真实想法完全不同。那么，在什么状况下，你会里外不一？回想一下自己的经历，分析一下藏在外在表现之下的真实原因。这样非常有利于发现属于自己的情绪模式。

4. 情绪，越表达越是丰富，越表达越是容易。首尔大学心理学教授闵景焕通过研究“韩国人的情绪词汇”，统计出了430个有关情绪的单词，包括我们最常用到的表达好的情绪和坏的情绪的10个单词，并统计在了表格中。那么，大家丰富的情绪中，最常感受到的有哪些？又是如何表达的呢？让我们在自己感受到的情绪上画圈，在实际表达过的情绪上画三角形，然后从结果中分析一下今后该加强哪方面的表达。

韩国人的“愉快—不快”单词

愉快	分数	排位	不快	分数
陶醉	6.24	1	惨淡	1.52
幸福	6.16	2	遗憾	1.60
爱	6.09	3	腻烦	1.67
高兴	5.94	4	背叛感	1.73
幸会	5.91	5	轻蔑	1.74
愉快	5.89	6	憎恶	1.75
痛快	5.79	7	自卑	1.86
满足	5.75	8	抑郁	1.90
自豪	5.72	9	悲惨	1.91
有趣	5.72	10	绝望	1.91
分数越接近7越愉快，越接近1越不快				

很多人在生活中喜欢对感性和理性做简单的二分法，然后试图用理性来打压感性。如果这样，我们将失去各种生动的情绪，情绪的表达也会更加艰难，最后情绪将向着难以控制的方向发展。我们的情绪既不能打压，也不应该控制，而是要适当地表达——这样我们的人生才能更加丰富多彩。

Chapter Ⅵ
渴望独立的女人

正所谓“只有藤缠树，哪有树缠藤”。女人，为了她们的虚荣心和依赖性，不惜给丈夫或男友施加各种压力。但不顾实际情况，一味制造压力，只会适得其反。

以前曾经收到过读者的一封信。她对女人们为何不自己从不幸中走出来提出了一些疑问：

“我很奇怪，女人们不是很喜欢说‘真好！我就没这福气……’这样的话吗，比如‘这次休假去哪里？’‘这次想去国外看看’‘真好，我也想去，就是没钱’‘我也是好不容易东拼西凑才凑够的’‘但我连那点钱都没有，郁闷……’什么的。或者‘你好瘦啊，我也该减肥了’‘你的发音很不错耶，我英语就不行啦’之类的话。虽然这样说的时候会觉得自己真的很差劲，但是我们还是会以这种方式对话,像‘我这么平庸,你好厉害’‘我做不好这个’‘我真是没能力，这个也不行’之类的。”

这种现象在女性中出现的概率显然要比男性多得多。在此我想为大家介绍一下“跛足策略（Self-Handicapping）”的概念。所谓跛足策略就是故意缩小自己的能力范围，并将之公诸于众。下面我们来分析一下为什么会出现这种现象。

真的相信自己不如别人

如果是对自己的外貌、能力，甚至是存在本身都感到不满足的女人，那么不管是什么情况，都会这么表达自己。

希望获得别人的支持和肯定

表达一下对自己的不满，希望从对方那里得到“不啊，你很不错”的肯定和支持。

害怕被排斥

传统的教育方式和对女性的定义告诉我们，比起自我表现，谦虚才是更大的美德。所以在别人面前与其表现自信，不如表现自己纠结的一面，在女性的关系中，这一点很受用。

降低对方的警惕

盛气凌人虽然很酷，但是容易让别人紧张。当我们想要与别人变得更加亲密的时候，我们常常会分享彼此的缺点，这样就可以降低彼此的警惕和紧张。

女性的关系模式已经根深蒂固

女性喜欢强调自己的缺点，由此获得他人的支持和认同。但男性则刚好相反，如果他们表现出这样的一面，必然会遭到嘲笑和欺负。

她们一味地强调自己的不幸和不满，忽视了自身的独立性和自主性。有些女性即使意识到不应该这个样子，但还是无法停止自我设限，结果自己真正地陷入不幸中。当她们想做一件事情的时候，脑子里第一时间浮现的是“做不到”，连试都没有试，就采取了回避和依赖别人的姿势。她们把自己的潜力都锁在一个小小的箱子里，只为不被别人拒绝或得到好的评价，却因此失去了独立自主的机会。

我们将围绕上面提及的五个原因展开讨论。我们将看到随着时代的发展而不断变迁的女性自画像，以及困扰着她们的各种症候群，并探讨如何从自我设限中走出来，最终走向自由自在的人生。

存在的问题

1. 陷入“灰姑娘情结”，过于依赖别人。
2. 陷入“女强人情结”，觉得自己什么都能做。
3. 陷入“乘龙快婿情结”，希望通过联姻获得成功。
4. 陷入“对妈妈无限依赖的情结”，无法独立。

我为什么这么依赖男人呢？

妍度无法想象没有男朋友的人生会是什么样子。如果没有男朋友，她觉得自己不是个完整的人。虽然身边也有同性朋友，但是她们都不能给她带来安慰。每当需要有人在身边给自己带来力量的时候，仅仅靠姐妹们的安慰是绝对不够的。

妍度有一双魅力无边的笑眼，外表清新可人，再加上说话像小孩子一样，所以非常受异性的欢迎。她也知道相比于其他女性，自己更容易赢得男性的好感。但是，她不管跟谁交往，都不太长久。因为她对男朋友的要求实在太多。

她每次跟别人在一起都是寂寞孤单时的应急之举，彼此都缺乏深层次的情感交流。虽然理智告诉她，这个世界上并没有白马王子，但她还是不愿意放弃这个“理想”。她相信，总有一天那个最适合自己的帅帅的王子，会骑着白马来解救她于水深火热之中。

最近刚刚跟男朋友分手，她希望下次可以找一个懂得照顾自己，可以百分百依靠的男朋友。但是每每觉得自己需要什么样的人时，都会感觉到无力和幻灭。那么，她为什么这么依赖男朋友呢？

依赖男人的心理分析

美国人克劳蒂·道琳（Colette Dowling）把在男性主导的社会氛围中女性变得越发依赖别人的现象称为“灰姑娘情结”。**所谓“灰姑娘情结”，就是想要以柔弱的声音和柔弱的外表来吸引别人的注意并获得他人保护的情结。**我们可以从妍度身上看到灰姑娘情结的具体体现。所有像她一样抱有灰姑娘情结的女人，都希望通过依赖别人来逃避问题，而不是靠自己的力量去开拓人生。每当遇到问题的时候，她们想的不是如何去解决，而是等待别人帮她解决。

克劳蒂·道琳提出“灰姑娘情结”这个概念的时候，美国和韩国都非常强调女性的“关系特质”。那个时候人们尤为重视女性的依赖性，而不是她们的主体性和独立性，具有独立精神的女性常常被视为异类，受到了社会的差别对待和歧视。那个年代的大多数女性，小时候从父，长大从夫——她们就这样不断地将自己寄托在别人身上，以为这才是最佳生活方式，因为她们从小就是被这么教育的。

在那个时代，女性如果相信自己的潜力并开拓一番事业，就等于踏上了一条与孤独和不安为伍的艰辛历程。所以说，还不如找到一个可以依靠的有能力的男人，然后获得这个男人的宠爱，这倒是一条捷径。也就是说，在还不具备任何社会和政治上的力量的时候，归属于具有社会政治力量的一方，确实是符合时宜的方法。

但如今，时代已经发生了巨变。女性的依赖性已经变得没那么重要，而随着女性越来越多地进入职场，原本对于职场女性的偏见和歧视也慢慢弱化。但是，我们之中还是有很多人像妍度一样，依然沉浸在灰姑娘情结中，希望有一天自己能遇到优秀的男人，从此人生发生戏剧性的逆转，然后将自己的人生全权托付给她所爱的男人。这样的人生何其容易和轻松？

但是，不经历任何风雨的舒适生活，只会让人像温室里的花朵一样，永远不会知道自己的人生会有多大的可能性，也不会知道自己的潜力会多么大。这就好像把那个害怕世间风雨的自己完完全全地包裹住了，包扎成礼物的样子，人们只能看到其表面，却完全不知道里面是什么样子的。想要在他的庇护下生活，就意味着她的生活半径将永远不会超过他的“影子”。

在那个对女性的独立性和主体性充满怀疑并打压女性潜力的时代，做一朵温室里的花，完全依附于他人，尚可算是权宜的选择。但时代已经不同，如今的社会不会再因为你是女性而歧视你，当然也不会因为同样的原因给予特殊照顾。因此，在这个时代仍旧抱着灰姑娘情结不放，不仅会造成个人的损失，也会造成社会的损失。

我们不知道，童话里的主人公在遇见风度翩翩的王子之后，在身份地位骤然上升之后，是否过上了幸福美满的生活，但可以肯定的是，现实世界里的“灰姑娘”可不一定会那么幸福。她甚至可能会比普通人更加不幸。因为在变幻莫测的人生道路上，只想着依赖别人，很容易失去对自我人生方向的掌控。

依赖男人的心灵配方

问问自己，是否希望通过依赖别人来逃避问题，
而不是靠自己的力量去开拓人生。

先看看自己的依赖性从何而来。
害怕孤独的人，对他人的依赖性很强，
最不能忍受得不到他人的认可。
尝试开始自己拿主意，
无论多么细小的事情，
努力不要再问“怎么做”，
勇敢地作决定吧！

选定一个性格独立的女性为榜样。
不接受对于女性的歧视，
同时也不接受对于女性的特别照顾。

发现自己的潜力，
看看哪些是因为依赖心理的缘故
而被自动屏蔽掉的。
然后想办法从依赖的枷锁中解放出来。

不能没有你，我亲爱的朋友

柔仁每次申请公选课的时候，都要把手机里的电话号码拨个遍。今年已经进入大三的她，身边的朋友最近休学的休学，就业的就业，留在学校的只剩下她一个人了。对她来说，女性朋友的存在能够给予她更多的安全感和支持，没有了她们，就好像失去了可以依靠的肩膀。

申请公选课就是这样子。她希望上每门课的时候都有一个朋友陪伴。这样在旷课的时候，就可以相互借笔记；期末考试的时候也可以一起复习——总之有很多理由，但是最重要的原因还是，她对自己一个人去做一件事感到不安和困扰。她很少自己吃饭，凡事如果要一个人面对就会觉得很不安，一定要找个人陪着才安心。

买东西也要朋友说“不错”才能下定决心，作决定的时候要先看看朋友的反应。现在，她正在犹豫该不该放弃自己最想听的那门课，转而去选朋友们都选了的另一门课。

不管做什么，她都没有办法自己一个人做。但她这种凡事一定要征得别人的认可，干什么都要人陪的性格，有时候却会让她的朋友有点郁闷。

离不开朋友的心理分析

下面我们来分析柔仁为什么什么事情都要朋友们认可才肯做。

为了此刻的安全感

她没法一个人待着的第一个原因，也是最表面的原因——她只有跟别人在一起时才能感到安心，并且可以从中获益。这个世界太莫测，而我们所掌握的信息少之又少，因此与其自己作决定，不如先观察一下处在相同处境下的朋友们是如何决定的，然后再追随她们的决定，这样也许是最稳妥的方法，毕竟可以避免一些风险。

但这样的做法也有盲点，别人的决定不一定适合自己，就像柔仁要改变申请的课程一样，那不是自己想要的最佳选择，只是追随了朋友们的选择而已。我们很难在所有的决定上都与别人刚好吻合，而且我们也不可能做什么事都有朋友陪伴，柔仁最近感受到的前所未有的“朋友空缺危机”，正印证了这一点。

从来没有自己尝试过

她之所以在作决定的时候如此依赖朋友，第二个原因就是至今为止她从来没有尝试过一个人做什么事情。跟朋友们在一起虽然短期内让她安心，但是她却错失了自己最喜爱的科目。其实一个人听课并没有那么难，只是因为没有尝试过，所以过于焦虑，因此错失了突破自己的机会。

缺乏自我理解和自信

很少一个人去做什么事情，所以对新事物总是抱有不安——这个现象背后的根本原因，是自身尚不完全成熟。她对自己的理解和自信还不够充分。她自己都不知道自己是谁，喜欢什么，擅长做什么，总是因为各种事情而感到混乱、不安、害怕，所以她希望能先获得别人的肯定后再作出决定。然而对她来说，真正重要的并不是获得别人的肯定，而是获得自己的肯定。如果不这样，她不管置身哪里，都会觉得不安和混乱，但没有谁可以一直陪伴着她。

是否更改科目申请，是一件意义重大的事情。她是自己走进课堂，还是追随原来的模式，随波逐流，看似是小事，在日后却会带来巨大的差异。对于她来说，即使是一小步，现在也需要新的开始。

离不开朋友的心灵配方

朋友无法代替你作出决定。
当你站在选择的路口的时候，
先问问自己的意见。
自己到底想要的是什么。
一般来说，明确知道自己想要什么的人，
会过得比较快乐，
也会给周围的人带来快乐。
而那些难以作出决定的人，
往往都是不了解自己的人。
而人类的苦恼都是因为不了解自己而造成的。

不要沉浸在当下的安逸中。
尝试一下与昨天与众不同的开始。
即使稍微有些不安，
但是不安最终会让我们成长。

不要轻易放走好不容易才到来的机会。
你的选择不是为了赢得谁的肯定，
只要赢得自己的肯定就好。

为什么突然觉得很空虚?

智雅一向是朋友们羡慕的对象。今年 28 岁的她，各方面成绩优异，性格爽快，外表也是一流。她一毕业就进入到位于韩国“华尔街”的高级金融企业。到现在已经工作三年了，她却开始觉得一切都变得索然无味。

一直以来，智雅都冲着自己的目标奋力地拼搏，如今终于迎来了人生的黄金期。然而光鲜的外表却与空虚的内心形成了对比。以前，她是每天穿行于学校和家之间的完美女儿、完美学生、完美朋友。上班之后，这一切并没有多大改变，只不过穿行的地点改成了公司与家而已。而且，即使今后结了婚，将来的生活看似也不会发生太大的改变。

想到今后自己的生活都要往返于这样的既定路线，她就感到有点闷。要辞掉工作吗？她又舍不得。要她放弃现有的所有，去挑战全新的生活，她又有些胆怯。就好像如果不在这条跑道上继续往前跑，自己之前努力积累的一切全都毁于一旦了。那么，表面上事业成功的她，为什么会突然对人生感到厌恶呢？

感到空虚的心理分析

表面上看起来，她比谁都努力，不管是学习还是工作，还是人际关系，各个方面都处理得很好。她非常独立，靠着自己的力量一步一步开拓着自己的人生。但是，仔细分析就会发现，她身上也存在依赖性的问题。即便她在所有方面都非常完美，什么事情似乎都能做得到，但是回望过去，她却不知道自己到底为谁而忙，为什么而忙。

到现在为止，她一直在为自己设定角色，通过完美地扮演各种角色获得他人的认可和称赞。她所做的一切并不是为了成功，而是把重点放在"绝不能失败"上。所以，虽然她在各方面都做得不错，却对自己所走的路不够自信，时常担心下一步自己能否完美展现。

她希望自己在别人眼里永远是完美无缺的，所以即使有这样或那样的苦恼，也一个人担着。但是现在，这么多年来心里积压的东西好像要一下子爆发出来。可她的自尊心不允许，即使感到痛苦也不会轻易表现出来，更何况她也不懂该如何表现出来，也根本没有想要表现出来的意思。到目前为止，她一直是完美的事业女性、完美的女儿、完美的朋友、完美的媳妇，而她也想好好地守护好这一切。

虽然内心很受伤，但她宁愿维持外表光鲜的样子，将自己彻底封锁在一个又一个角色的躯壳中，只为获得别人的认可——这难道不是依赖心理的表现么？也正因为如此，她才会觉得内心这么压抑，以致对生活失去了兴趣。

她的压抑感，其实是禁锢已久的内心发出的求救信号——内心说："她不愿意再为了取悦别人而盲目地自我牺牲。"一方是一心想要冲破束缚，寻找自由的真心；一方则是这么多年来形成的强大的惯性，双方就这样相持不下。

虽然现在有些犹豫不定，但是如果现在的智雅可以集中精神倾听内心的声音，她未来的人生道路一定会有所不同。当然，也没有必要全盘否定过去，看清楚自己的坚持和奋斗到底是为了谁，不要将所有希望都寄托在别人的肯定上。只有把生命的焦点放在自己身上，今后的人生才会豁然开朗。

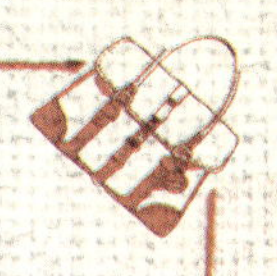

感到空虚的心灵配方

事业、爱情顺利的人，也可能会莫名地伤感。
仔细想想：你是在一定条件下接受的爱和认可吗？
真正的爱是无条件的，
不是因为你出色就拥有的。
而得到无条件的爱和认可的人，
是不会莫名地伤感的。

你现在的成就让你开心了么？
还是仅仅是为了不让别人失望？
仔细想一下这个问题，
然后得到对自己来说最好的答案。

没有必要追求完美。
如果完美需要失去快乐作为代价，
那么就更没有必要完美。

可以通过别人获得满足吗？

玄珠的男朋友正在准备司法考试。在没有遇到玄珠之前，她的男朋友一直是个胸无大志的人。但是玄珠在与他交往的过程中就暗下决心：

“不是看现在，是看潜力。我一定要把他的潜力激发出来。”

从那时开始，玄珠就开始为男朋友规划人生了。不管是人生目标，还是生活琐事，统统都在玄珠的管理之下。

在她的鼓励下，男朋友果断放弃了原本毫无兴趣的学校课程，选择参加司法考试。为了让男朋友可以专心致志地准备考试，玄珠在物质和精神方面尽自己所能提供最大的帮助。有时，为了帮男朋友拿学分，甚至还主动替他写课题作业。

但最近她受了不小的打击。男朋友突然要放弃已经苦心准备了两年的司法考试。他说他最终意识到司法这条路并不适合自己，所以要休学，去学自己感兴趣的东西。玄珠突然觉得天旋地转。但是，比起火气冲天的玄珠，男朋友似乎更加生气。

“现在，我再也不愿意为你作牺牲了！”

“这话应该是我来说吧？这么多年，我为你付出了多少？”

她真是感到无语至极。到底是谁在为谁牺牲？是呀，到底是谁在牺牲呢？

牺牲白费的心理分析

著名的韩国传统故事《傻子温达和平冈公主》讲的是高贵的平冈公主将傻子温达改造成将军的故事。但是，含着金汤匙出生的高贵公主，为什么不去选择王子而要选择一个傻子当夫君呢？

故事里面是这样解释的——平冈公主之所以会这样选择，是从小被父母洗脑造成的。为什么这么说？因为小的时候每当平冈公主不听话或者哼哼唧唧的时候，父母总是会半开玩笑地说“你要是再这样，就把你嫁给傻子温达了啊”。当时的玩笑话，却被平冈公主深深地记在了心里。她对傻子温达产生了非常微妙的责任感。

想把毫无志向的男朋友改造成威严的大法官——玄珠无疑就是现代版的平冈公主。而她身边的人必定也常常在她耳边嘀咕“找一个好男人并不是件容易的事情”。虽然没有人直接对玄珠说“如果不听话就嫁给傻子温达”，但是周围人的态度却让她相信想得到男人的爱不是件容易的事。这种间接性的灌输，已经慢慢渗透到了她的思想中。所以，她根本不相信自己能找到心仪的爱情。与其等待那个自己“需要”的人出现，不如找一个“需要”自己的人，希望以这种方式守护爱情。

而玄珠的男朋友就是这个样子的。虽然不是傻瓜，但是对生活没有任何目标，他需要一个人的出现给生活带来一些刺激。当她看到男朋友的生活因为她的出现而步入正轨时，她感到很高兴。他的进步，让玄珠感到男朋友非常需要她，同时也从男朋友所获得的成果中获得了满足。传统故事里的平冈公主看到最终脱胎换骨的温达，露出了会心的一笑；现实中的玄珠却被背叛感折磨。

其实，她所体会到的背叛感并不是来自男朋友，而是对自己感到失望，两年来苦苦付出全部付之东流。我们牺牲了自己的所有，想要改变对方的人生，对方会感到很大的负担，甚至压抑。所以，玄珠的男朋友勉强自己去准备考试的时候，心里一样很辛苦，好像是要为玄珠还债一样。这种相互为对方“着想”的想法，反而让双方都感到痛苦。总而言之，想要通过对方的成就来获得满足，会让两个人都很累。所以从别人身上追求满足，不如通过自己的努力换来成就，获得货真价实的满足，不是更好吗？

牺牲白费的心灵配方

不要成为照顾男朋友的“老妈子”，
而要做支持对方选择的爱人。

对男朋友的期望太高，
只会给他带来无穷的压力，
他可能会为了“报答”你而坚持一段时间，
却终将在某个时间点爆发。
而自己收获的仅有“失望”而已。

从别人身上获得的满足是短暂的。
真正的满足还是要靠自己才能获得。
与其把期望寄托在别人身上，
不如把期望寄托到自己身上，
把自己塑造成更优秀的人，
更能增加对周围人的影响力，
也能吸引优秀的男人。

着眼于现实，
为自己设定一个好男人的标准。
千万记住，
不是因为需要一种关系而去谈恋爱，
相爱才是在一起的唯一理由。

能否从家人的庇护中走出来

今年 27 岁的荷妍真想现在就从家里搬出来。她一周至少跟妈妈吵一次架，每次都生气地夺门而出。每当和妈妈产生矛盾的时候，荷妍都会觉得心很累。她是独生女，妈妈为她付出了很多。她虽然经常跟妈妈吵架，但是没了妈妈又好像活不下去。有时候非常讨厌妈妈，想自己一个人出去，但又会被突然而至的不安包围，最后只好作罢。

这次吵架的原因是关于她今后的出路。正在读研究生的她，想要在写论文之前先休息一段时间，但遭到了妈妈的坚决反对。一开始荷妍要考研，妈妈也不是很同意，想让她大学毕业之后就尽快就业。

从小到大，她的人生时刻被妈妈左右。“什么时间应该做什么”“要去上什么补习班”“什么样的朋友可以交，什么样的要远离”“要穿什么样的衣服，保持什么样的表情”“选什么样的专业，交什么样的男朋友，过什么样的人生”……所有这些都由妈妈来决定。

她虽然不喜欢这样，但也只好遵从妈妈的指挥。因为这么多年来，妈妈作的决定一直是对的。考研，是第一次违背妈妈的意思，而现在她也正在为此感到后悔。有时候荷妍也会想，早知道就听妈妈的话，大学毕业直接工作就好了。但要是妈妈对此唠叨些什么，又会恼火地吵起来。身心疲惫的她本来想休学一段时间，但是跟妈妈吵过之后，又无法断然地下决心了。因为好像妈妈的话也是对的。到底怎样才好呢？

离不开妈妈的心理分析

所有的生命体刚刚诞生在这个世上时都是不完整、不成熟的，然后慢慢成长，形成自己的力量。小的时候，很多事情我们不知道该怎么做，所以需要依靠大人，学习他们的样子。大多数父母都会保护曾是“不完整、不成熟”的我们，成为我们的灯塔，指引我们的人生道路。

曾经，我们没有别人帮助就什么都做不了，如今竟然也长大成人了，想想真是奇迹。这无疑是这个世界上最为平常又最为伟大的奇迹。然而为了让这个奇迹更加闪耀，我们就需要从父母的保护中脱离出来，形成独立的个体。

独立的过程，其实从我们出生那天起就已经开始，到我们大学毕业的时候，基本已经完成。但是，今年 27 岁的荷妍现在才想要从父母的庇护下脱离出来，不禁觉得有些茫然。妈妈总是对自己的所有决定指手画脚，这让她感到有些厌烦，但是又没有自己作出决定的勇气。她想要举旗独立，却一会儿便泄了气。因为她自己都不知道自己想要什么。

现在是该独立的时候了。但光喊口号是没用的。想要真正独立，需要具有可以顶起一片天的力量，不能父母说什么就是什么，或者只是盲目地发火却又毫无行动。

离不开妈妈的心灵配方

成人之后还常常跟父母争吵，
是没有真正独立的表现。
听妈妈的话，觉得很懊恼？
不听她的话，又觉得茫然？
请反思自身是否做到了“个体独立”。

如果与父母的矛盾一再反复出现，
那么好好反思一下矛盾的源头在哪里。

如果是性格原因，
谁也没有办法把对方改变成
合乎自己心意的人。
抗拒是相互的，越是抗拒，
对方越是强调自己的立场。
接受对方的本性，
增强对事不对人的理性思维。

心理独立会在经济独立之后慢慢形成。

越比较，越悲伤

正在大学学习美术的惠秀最近总是一副有气无力的样子。从中学时代起，她就对学习没什么兴趣，反倒是对美术有些兴趣和天赋。所以，她自己选择了美术这条路。高中毕业，在复读了两年之后，她如愿以偿地考入了大学。然而现在她对美术好像也失去了热情。她常常觉得很郁闷，为什么自己就不能像哥哥姐姐一样成绩优异呢？想到这里，就觉得一切都没有意思。

美术需要源源不断的创造和不断的努力。但是即便付出了努力，也不一定能在短期内看到成效。为了走美术这条路已经花了不少钱，但现在自己还没有大展拳脚就想要放弃，连她自己都觉得自己很懦弱。但也不知道到底要怎么办才好，只觉得自己非常没用。

那么刚刚进入大学，还没有经历过大风大浪的她，为什么还没开始就已经倦怠了呢？

差人一等的心理分析

有关她的问题，可以从“像哥哥姐姐一样”开始找起。家有成绩优秀、能力突出的哥哥姐姐，身为家中老幺的她，自小就觉得很自卑。说不定，她之所以选择美术就是因为在学习方面跟哥哥姐姐没法比，所以索性选了一条完全不同的道路。

但是进入美术学校之后，距离获得美术上的成就还有一段漫长的道路。她急于在短时间内获得像哥哥姐姐那样的成就，但是却让她非常辛苦，甚至感到忧郁。并不是因为自己的能力达不到，而是她在短期内对自己的要求太高了。

她认为如果没办法达到预想的高度，那么索性不要尝试。但是她的“高度设定”显然有问题。她与哥哥姐姐，不管在能力上、兴趣上，还是性格上或是年龄上，都是非常不同的个体。以他们为目标设定的标准，在自己的人生路上却不一定适用。

诚然，要忽略与自己朝夕相处的人所带来的影响并不是件容易的事情。但是如果因为短期内无法获得如他们一样的成就就摊手放弃的话，最终将遗失掉本该属于自己的那部分特质。我们每个人都有自己擅长的领域和各自选择的道路。她不应该去成为“别人”，而是竭尽全力地成为自己。

差人一等的心灵配方

拿自己跟别人作比较，
当自己处于优势时，
能增加自信心和满足感；
当自己处于弱势时，
就会让人感到气馁，
或者对一些事情产生偏见。
先停止这种比较，
反观自己的优点，
并将其写在笔记本里。

不要管家人、朋友、亲戚是什么样子，
首先考虑的是，
你想要在这个世界上留下什么印记。

以别人的标准来衡量自己，
就像穿着别人的衣服一样别扭，
我们要不断发掘，
自己到底在什么地方才能发光发亮。

Real Moment

别总沉浸在过去

一直到高一为止，珍珠一直是个领导能力颇强，也很独立的女孩子。运动神经发达，性格开朗，所以每次学校开运动会的时候都把珍珠选为班级代表，高一的时候还担任了班长。但是，自从她和班里颇有话语权的一位朋友发生矛盾之后，她的性格就发生了180度大转变。

导火线是她作为班长强行制止了朋友的违规行为。现在回想起来，珍珠也有些后悔，当时为什么要那么强硬而不近人情地批评朋友呢，一点情面也不给人家留。虽然当时出于班长的职责，她必须这样做，但自此之后，她却要面对一系列刁难。每次她出面做什么事情的时候，那个朋友总是会故意刁难或者起哄。

那个朋友在同学之间颇有影响力，这给珍珠带来了很大的困扰。虽然说喜欢珍珠的人也很多，表面上她也表现得无所谓的样子，但实际上心里面却早已掀起巨澜。而这场“巨澜”并没有因毕业结束，而是一直持续到了现在。此后，每当她要牵头做什么事情的时候，就会感到很头疼。只要一走到人前，那个朋友的影子就在珍珠的脑海中挥之不去。好像总是能听见那个朋友在背后起哄的声音，她也害怕别人对自己恶语相加。那么，珍珠如何从过去的经历中摆脱出来，找回原来的自己呢？

不能摆脱过去的心理分析

我们所经历过的一切都会在心中留下痕迹。这些痕迹或深或浅，深的时候就会对我们性格产生影响。有时候，我们也很难解释自己的一些行为，这些隐蔽性格的塑造都受到了儿时经历的影响。当我们发现自己性格突变或者一些行为难以解释，如果想要得到最根本的答案，就要去回顾过往的经历，尤其是让我们非常痛苦的经历。

现在的珍珠总是畏手畏脚，踌躇不前，这都是因为高中时代的阴影一直困扰着她。现在并不是她本该有的样子。正因为以前的心结没有解开，所以她才失去自信心和独立性。

如果你也像珍珠一样，感到自我正在慢慢缩小，对自己没有丝毫信心的话，不妨从过去的经历中寻找答案。看看是不是还有痂留在那里。伤疤要治愈了，才有勇气继续前行。现在还为时不晚。只要能好好地把过去的心结解开，就不会永远活在过去的阴影中。

不能摆脱过去的心灵配方

回想一下对自己造成负面影响的过往经历。
这不是让我们纠结于过去，
而是让我们从过去中走出来。

如果因为过去的阴影而表现出踌躇不前、
依赖别人的一面，
不妨回顾一下在过去的记忆里，
你感受到的是什么样的情绪，
而你真正的样子应该是怎样的？

想要忠实于现在，
就不要沉湎于过去，
痛快地断掉过去与现在的种种“藕断丝连”。
真正的放下，
是“提起”眼前的一切。
不要让过去蒙住了双眼。
当你真正看见“现在”的时候，
“过去”就不会再纠缠你了。

仔细倾听内心的声音

在本章中，我们着重回顾了那些禁锢了我们的潜力，让我们依赖他人，最终无法独立的心理障碍。比如，完全依赖别人，不想用自己的力量解决问题；表面上什么都做得很好，内心却十分不安；想从别人身上获得满足。这些都是各种自我设限的具体表现。也就是说，女人们常常先跟自己说“我不行”，然后给自己设置障碍。

而之所以会自我设限，很大程度上是受到了我们小时候从各方接受的社会讯息的影响。比如“你肯定做不到的”，“女人只要做到这个程度就可以了”之类的警告或威胁。当然，我们也会接收到诸如“你什么事都能做得到”“绝对没问题”的正面讯息，然而负面讯息往往有更加强大的摧毁能力。

所以，大家要想获得真正的心理独立，就要留意观察依赖性强的女性和独立性强的女性心里面所传达的讯息有什么不同。而且，更要有意识地分辨那些我们可能在无意识间吸收的类似“女人就应该这样”的讯息，用批判性的眼光看待这个问题。

仔细想想，我们听过的很多故事就是在我们毫无察觉的时候渗入到我们心里，并在潜移默化中限制了我们的潜力发挥，让我们在心理上更加依赖于他人。比如，小时候我们最喜爱的童话故事中的主人公形象，就这样无声无息地植入到我们脑海中。

童话	讯息	美德
灰姑娘	即使受到剥削和压迫，也要忍着	一向很善良
人鱼公主	为了爱情，放弃很多	牺牲精神
白雪公主	轻易相信陌生人	天真
睡美人	等待谁的救援	被动

不管你是否喜欢这些童话，它们无疑是一个时代展现给孩子们的最基本的生活模型和方式。从小我们熟悉的东西，藏在无意识的深壕里，给我们的行动和决定带来极大的影响。所以，我们一定要揭露这些讯息，并重新用批判性的态度对待它。这样我们就能把心理的障碍一个一个清除掉。

自己站起来

1. 观察一下自己是用什么样的语言进行自我设限的，然后把这些话变成积极的语言。列表中列出了一些常常用于自我设限的话。那么你常常说的话是什么呢？如何进行改正？

自我设限	自我肯定
（还没开始之前） 我肯定不行的。	试试看，也许可以做到呢？
（看着镜子）真是不满意。	这样已经很不错啦。
（别人对我说）你不行。	你如果了解我，就不会说这种话。
我难道只有这点能耐吗？	也有做得很好的时候啊。
女人就应该这样。	我不能用这种话来限制自己。

2. 每当因为依赖性和独立性的问题而苦恼的时候，请让“依赖性强的自己”和“独立性强的自己”进行辩论。尽量让“独立性强的自己”声音更大，更加有底气一些。比如说，当你想要在经济上依赖父母或者男朋友的时候，自己先这样反驳。

依赖性强的自己

——想用父母给的零花钱，舒舒服服地生活。

独立性强的自己

——如果经济上依赖父母，今后什么事情都得听父母的。

3. 从独立性的角度出发，画一条属于自己的人生曲线。独立性包括心理、身体和经济上的。

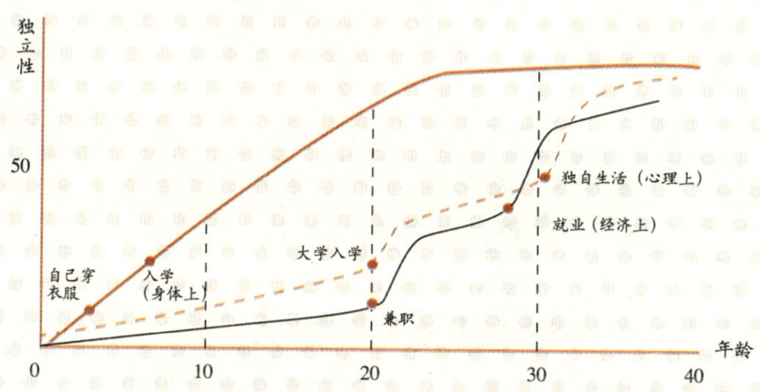

日本有位知名的传教士，曾经对自己的学生说过这样的话：“Boys, be ambitious!”

这句话不仅鼓励了他的学生，更给那些心中抱有梦想的人们带来了极大的鼓励。如果现在你正因为各种障碍物——现实问题、外部障碍、心理障碍——无法前行的话，不妨相信自己，并大声鼓励自己：

“Girls, be ambitious!”

Chapter Ⅶ
爱幻想的女人

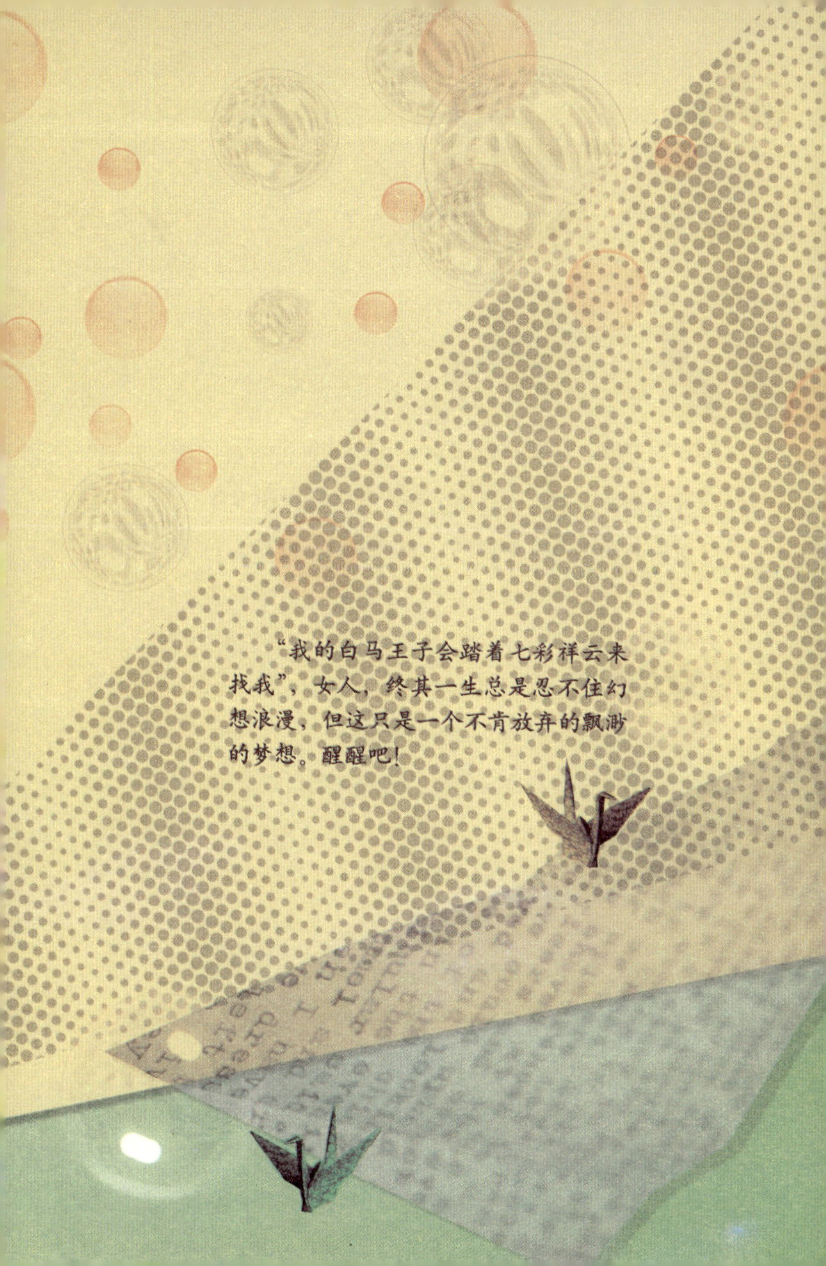

“我的白马王子会踏着七彩祥云来找我”，女人，终其一生总是忍不住幻想浪漫，但这只是一个不肯放弃的飘渺的梦想。醒醒吧！

如真从去年毕业到现在，一直没有找工作。其实，并不是找不到工作，而是她对找工作这件事并不上心。其实，她在毕业之前就已经早朋友们一步开始上班了，但是上了不到两个月就辞职了，觉得那份工作不适合自己的个性。她说想要找一份自己喜欢的工作，所以要先准备一下。但是这个准备始终没有提到日程上来。每天，占用她最多时间的一件事就是上网看新闻了。

有时，虽然也会问自己“我现在到底是在干什么”，同时感到内心的焦虑和郁闷。但即便这样，她也没有投过一份简历。即使有公司通知她去面试，她也会找各种借口搪塞。按照她的说法就是，要么自己不喜欢，要么工资太低。每当她心情不好的时候，只愿沉浸在网络的世界里，连见朋友、写申请书这样的事都不想做。

在生活中，她总是在逃避现实，但是她的幻想世界却非常丰满。她总觉得自己会成为那种非常帅气的事业女性，然后会谈一场轰轰烈烈的恋爱，就像电视剧里演的那样。但是，在现实的世界里，却从不付出任何努力。最后，她的所有梦想都只停留在幻想的阶段。

其实我们每个人都会抱有一些幻想。幻想反映了我们真正想要的是什么，并且会成为我们的力量之源，让我们有动力突破自己。有幻想，才能意识到现实中缺乏的东西，并且努力为之充实自己，这样，我们的现实世界才能变得更加充盈。

曾有一个朋友，年纪不小了还在追星。据她自己的说法是，每当看到青春偶像天真烂漫、生机勃勃的样子，自己小时候那颗好动爱玩的心就会重新复活。看到他们，就会被他们的快乐感染。其实我每次遇到困难，也会习惯性地沉浸到电影和书里面所描绘的幻想世界里。我的另一个朋友，则会选择一个人去印度旅行。当我们望向远方的时候，仿佛能从这令人窒息的现实世界里解脱出来。这样的幻想是有助于解决现实问题的，所以当然没有问题。

问题是，当幻想超过一定程度的时候，就会妨碍到正常的生活。让我们来看看如真的情况。她总是茫然地幻想着未来的一切都会变好。虽说对现实的一切感到不满，但却从不为改变这一现状作出任何努力。她被幻想挡住了视线，已经无法直视现实的问题。而且，就她目前的状态，基本上相当于为了幻想放弃了现实生活。

所谓幻想，意为“超越了现实基础的，毫无可能性的，无益的空想”。虽然如真的例子极端了些，但是通过如真，我们多少也看到了自己的影子。每当我们对现实感到不满或疲惫不堪的时候，总会沉浸在幻想世界里；而越是沉浸在幻想世界，我们越会觉得现实更加不堪，并感到疲惫和辛苦。

在本章中，我们先来观察一下我们是否也“明明知道不可能，却还总抱有幻想”，并思考一下如何用这种幻想来改变我们的生活。你心中的幻想是什么样子？而这样的幻想又如何影响你的生活？

存在的问题

1. 被幻想拖着走，无法合理地利用幻想赋予我们的动力。
2. 想得很好，但一旦在现实中遇到挫折，就会抱怨生活。
3. 沉溺于幻想，不能主动地去改变生活。
4. 稍微有点辛苦就沉浸到幻想世界里。

他没那么喜欢你

智秀固执地认为那个教会学长是喜欢自己的。她之所以这样认为，有几个明显的理由：一、做礼拜的时候，明明别的地方也有空位，但是学长偏偏坐在自己旁边；二、那个学长以教会的事情为借口给自己打了好几次电话。虽然那位学长是他们小组的领导，但智秀坚信学长的种种行为并不仅仅是因为他们同属同一教会，而是因为喜欢自己。

智秀从小在男同学中间就很受欢迎，所以她常常把对方非常平常的举动误解为喜欢自己。最近她突然得知，那个她认定对自己有好感的教会学长竟然有女朋友！而且所有人都知道，只有她一个人不知道这件事情！

她感到十分愤慨。一方面因为自己的自作多情而羞愧；另外一方面怪那个学长要对自己那么好，让自己误会。那么，真的都是那个学长的错么？

感觉他喜欢我的心理分析

“学长喜欢自己”，只是智秀的幻想而已。与其说那位学长喜欢她，不如说她更喜欢那位学长。虽然很喜欢，但又不愿意承认和表达，于是就把这种心态“投射(Projection)”在别人身上。所谓投射，就是把自己心里面不愿意认定的一种情怀放在别人身上，并相信对方抱有同样的情怀。当我们喜欢一个人却不敢承认的时候，我们就会进行“投射”。也就是说，如果我们喜欢一个人，我们就会相信这个人也喜欢自己。然后，就会在现实中以自己的幻想为模型，到处搜寻与之匹配的证据。

她绝对不会想到，那位学长根本不是喜欢她才对她好，只是因为身为教会领导，要照顾到所有人。别的人都知道学长有女朋友，只有自己不知道——这一点对于喜欢学长又不愿意遭到拒绝的智秀来说，不啻于晴天霹雳。只要一想到“那个人还是对我有好感”，就会觉得大脑一片混乱和愤慨。

其实，在此之前，她就经常误会别人喜欢自己，并且当足以让幻想破灭的现实证据已经非常确凿的时候，仍不愿意放弃她的幻想，无法接受现实。每当别人表现出一点点好意，她就会自动曲解为好感。这是因为她太渴望别人喜欢自己了，所以才会把自己的幻想“平铺”在现实之上，不愿意进一步推敲现实的真面目到底是什么样子。

一旦进入幻想世界，她的心就像是刹车失灵的汽车一样，只顾盲目地横冲直撞。她幻想总有一天会有一个喜欢自己的人出现，这个人可以把现实里所有让她不满的障碍物一扫而光；或者是干脆带她去另一个世界。这样的幻想即便一直没有实现，她也不愿直视现实，而是想用另外一个幻想来填补已有的幻想所缺乏的部分。

当幻想无限膨胀的时候，与之差距甚远的现实就会给我们带来很多挫折。她宁愿想要守住“自己是个万人迷”的幻想，也不愿认清现实。其实不仅是智秀，我们每个人都希望自己可以受到别人的喜爱和疼爱，也不愿意放弃这样的幻想。尤其是当这种幻想与我们的“自我概念（Self-Concept）”相契合的时候，就更难抛弃了。

抱有这种幻想，虽然在短期内会在心理上给我们带来一定利益，但是幻想终究会破灭，它始终成不了现实，所以它不可能带来任何现实意义上的利益。如果智秀不舍弃对教会学长的幻想，就只会无谓地消耗更多的感情，而不会为她带来真正的爱情。

现实就在那里，我们首先要做的是接受它，然后去寻找能够接受并认定真实自己的那个人。而且时刻抱有一种怀疑态度——这个人到底是真心喜欢我，还是只因为想要被别人爱才找上我——将有助于智秀更好地从幻想世界中摆脱出来。

感觉他喜欢我的心灵配方

智秀正是因为求爱之心太过强烈，
所以难以抛弃美好的幻想。
我们也常常因为自己的欲望而分不清现实和幻想。
所以，我们有必要让自己时刻清醒地认识现实。

每当我们喜欢一个人却不愿承认的时候，
会习惯性地将这种情怀投射在别人身上。
所以，分清主动与被动的关系。

认清现实，
虽然现在会对自尊心带来一定的伤害，
但是从长远来看却是利大于弊。
我们要学会接受并不那么完美的现实，
才能日趋完美。

完美男朋友存在吗？

尹英最近只要与男朋友见面就会吵架，好像他简直浑身上下没有一处让人满意。她记得，刚开始交往的时候不是这个样子的。那个时候他很温柔，好像可以宽容自己的一切。但这才交往了一个月，她就觉得男朋友开始变了。

本以为他会一直温柔，但现在不管她说什么，男朋友总是强烈地反驳。她常常因为男朋友的话感到受伤。

“我说一句，他能说十句，完全无法体会我的心情。”

但男朋友那边好像也是苦水一大堆。他不知道为什么自己无心的一句话，会让女朋友那么不满？女朋友天天喊着“他变了”，可他觉得自己一点也没有变，他也不能理解为什么才短短一个月，女朋友就喊着说自己变了呢？那么，他们是因为什么才吵架的呢？难道真如尹英所言，是男朋友变了么？

感觉他变了的心理分析

“变了”，是所有情侣吵架时最常登场的词语。但如果认真分析这个“变化”，就会发现它不是发生在现实世界，而是我们的幻想世界。事实上，是对对方的幻想，让我们把对方“差异化”了。这就是为什么他看起来变了，但实际上什么变化都没有。

我们一开始陷入恋爱的时候，对对方的了解并不多。只是基于一段时间的接触中的片段来推测一个整体的样貌。但是，这种推测并不是来自于对方的实际情况，更多的是来自于我们的期待。

尹英原本就希望有个体贴、善解人意的男朋友。在恋爱之初，她把男朋友表达好感的所有行为都解释成体贴和善解人意的表现。但时间久了，却发现男朋友跟自己想的完全不一样。每当这时，她就会说“他变了”，对他感到失望，但其实他一直都没有变。只是刚谈恋爱的时候，为了向尹英示好，努力表现出体贴的样子。而现在，随着恋爱关系的进展，男朋友不过是回到了原来的样子，并不代表他变心了。但尹英每次见到男朋友的另一面，就咋呼地说“他变了”云云，这让男朋友也很累。毕竟，我们每个人都希望能在恋爱关系中做真实的自己。

尹英也是希望找到可以接受真实自己的那个人，但却无法接受对方与自己的幻想有任何出入。在尹英的幻想世界里，男朋友就应该永远是温柔体贴、善解人意的，而如今发现真实的情况并不是这样，因此觉得很痛苦。

想要不再痛苦，只有两条路：要么接受现实，调整自己的幻想；要么重新去找个原本就体贴温柔的男人。就像尹英所幻想的那样，男朋友可能同时也抱有过同样的幻想，那就是找一个可以接受真实自己的女朋友。

爱情和幻想总是一起到来，但最终又会因为幻想的破灭而陷入危机。随着关系的进展和彼此认识的加深，我们需要及时调整幻想，甚至打破幻想。但是，一个幻想破灭之后会有另一个幻想诞生。这就是爱情，永远和幻想分不开。所以每当彼此发生矛盾或冲突的时候，请重新审视和调整彼此曾经对对方抱有的幻想。

感觉他变了的心灵配方

爱情虽然基于幻想，
但如果过于沉溺于毫无现实基础的幻想，
恐怕只会给恋爱关系带来更深的矛盾。
问问自己："你爱上了幻想，还是爱上了他？"

当恋爱关系出现矛盾的时候，
先审视一下彼此对对方抱有的幻想，
并加强沟通，
携手寻找改善的方法。

随着时间的流逝、关系的发展，
对彼此抱有的幻想也将发生变化。
世上没有不变化的东西。
与其跟变化作斗争，
不如采取接受的态度。

也许算命可以得到答案

京贞自从进入大学之后，就经常去占卜咖啡馆。也不用花太多钱，还可以跟朋友聚聚，聊聊心里的苦闷。每当要做一个重大选择或者感到迷茫的时候，她总是去一家叫做“好厉害”的算命店子。自己一个人的时候，也常常光顾塔罗牌占卜店。

如果算命也就图个乐，借此转换转换心情还是不错的。但问题在于，京贞总是太把算命大师说的话当回事了，并且给这些话赋予了很大的意义。有的时候，明明是一个人可以决定的事情，她也要寻求别人的意见。每当去占卜店的时候，她总会问这样的问题：

“我什么时候会有男朋友啊？”

“我要不要先给相亲对象打电话呢？”

“做哪一行能成功？”

“学哪个专业好呢？”

每当她提出这样的问题时，总有算命人信誓旦旦地要给她解答。她每天早上坐地铁的时候，总喜欢翻开报纸看跟自己的属相相对应的运势；时常约上三五好友一起去抓阄店；每当在街上路过占卜店，看到门口排着长长的队伍，就走不动路。不仅如此，杂志后面的星座运程，也属于她关注的范围。甚至在图书馆或者书店的时候，也无时无刻不关注有关星座、看相、起名之类的书。每天晚上临睡前，还要上网留意一下明日运程。

仅仅是当做兴趣也就算了，但京贞的程度远远不止于此。每次当她遇到事情不顺或不如意的时候，她总是希望通过占卜来预测未来。那么，她为什么对星座、占卜、运势这些东西这么感兴趣呢？

相信算命的心理分析

我们每个人都是这样，当别人对你说“你是这样的人”或者“你将来会发生这样或那样的事情”的时候，便很容易动摇。很奇怪，为什么别人对我们的预测，却能以这样微妙的方式动摇我们呢？总是有人非常相信别人说的话，即使对预测或占卜不感冒，也有可能在其他方面被别人的话动摇。

想听，却无处听的话

京贞最近很困扰，又累，还觉得孤独，只想从别人那里获得安慰。跟男朋友的关系渐渐疏远，前途也一片茫然。再加上前男友又打电话过来，让她的内心再度动摇。本来希望现在的男友能够让自己的心紧紧稳住，但他却每日一副没心没肺的样子。

她希望朋友或是家人，或是男朋友可以安慰自己，并能为自己指一条明确的道路。但谁也不了解她的心思。在这样的一片混乱中，唯有算命可以给自己带来希望，让自己安心。想要听一些鼓励，想要确信一些事情，所以会翻看书籍或报纸，但这些信息显然无法满足现实中的需要。每次她都茫然若失地去找算命先生，希望得到“更靠谱些”的指导，幻想着别人能够给自己带来一些确定的讯息。

不确定性带来的强迫性要求

我们的生活，就像是建造在一个叫做“不确定”的沙丘上的临时居所。不知道什么时候会发生什么事，这个临时居所什么时候会倒塌，更重要的是，当这个临时居所倒塌的时候，自己能否自救。所以，她不管做什么选择都希望有更加确切的讯息来告诉她“没错，就应该这样做”。

自我判断能力不足

正因为她没有自信去实现自己的梦想，才会那么容易被算命大师的话蛊惑。她不管作什么决定，都要在心里来来回回犹豫很多次。这是因为她心里的价值判断能力不足，不能明确地判断出什么是好的，自己到底要的是什么。当我们的价值判断标准不明确的时候，我们就会被别人随意的言语或行动影响。本该关注自己内心的时候，她却在倾听别人的声音。

相信算命的心灵配方

如果你知道，
现在的自己想从谁那里听到什么话，
你就不会对一些不相干的人说的话那么在意。
停止一切行动，
先想想这个问题。

我们有必要知道，
谁也不可能一直说我们想要听的话。
每个人的人生都充满了不确定性。
即使是算命大师，
也不能左右他们的命运。
这点一定要铭记在心。

作决定的时候，
与其依赖于别人的意见，
不如先问问自己：
“什么对你而言是最有价值的？”
然后充满自信地大步向前。
这个世界上你最应该相信的人，是你自己。

镜子控

海润的包里，每天都放着两个镜子。如果算上粉饼上的镜子，那么她带在身上的镜子总共有五个。她必须要时刻确认自己的外表完美无瑕，所以镜子对她来说是必备品。不管何时何地，她都要随时照见自己的样子，然后或者补妆，或者弄弄发型，或者整理一下衣服。像今天这样的约会日子，就更要对外表注重一些。

从约会前的两个小时开始，她就已经开始作准备了。在赶往约会地点的路上，她也忙着照镜子。上了电梯之后，看到镜子里的自己，海润满意地眨了眨眼睛。她看着镜子中的自己出神，心里还在琢磨着，也不知道是谁想到了在电梯里装镜子，真是个英明的决定。

经过大楼正门的时候，她在玻璃窗里瞥了眼自己的全身；在路上的反光镜上，她仔细端详了自己的面庞；红灯的时候还不忘拿出化妆品补补妆。

即便在坐地铁的时候，她也很繁忙：早上画的眼线似乎有些晕，于是她拿出棉签，重新修正。虽然碍于旁边顶着一头土气发型的大妈和啤酒肚大叔的眼神，但没办法了。一会儿又用粉扑盖了盖毛孔，但还是觉得哪里不满意。这次的约会，真是让人紧张不安啊。

从地铁里出来，走在路上，她只要遇到全身镜就要照一下，就像被磁石吸引的铁块，被全世界各个角落的反射体吸引。她也不想这样，但就是控制不住。这样左看看右照照，约会晚了 15 分钟。她为什么对镜子如此痴迷呢？

爱照镜子的心理分析

坐电梯的时候很无聊，有了镜子就不一样了。照镜子的时候，时间总是不知不觉地流逝，这就是在电梯间里安装镜子的原因。对于要一直照镜子才能安心的海润来说，这更是个伟大的创意。每次乘电梯，她都只顾在镜子里看自己的样子，完全不知道时间是怎么过去的。

海润无疑也是抱有幻想的，她认为只要外表光鲜亮丽就能获得别人的爱和幸福。所以，她随时都惴惴不安，生怕没有打点好外貌。这是典型的“外貌焦虑症（Appearance Anxiety）”。所谓外貌焦虑症，当然是对于自己的外表抱有不安的情绪，而为了驱赶这种情绪，她要一直检查并整理自己的外貌。

要外表漂亮才能获得爱和幸福，这虽然属于幻想，但多少还是有些现实依据的。社会对于女性的外在是如此之注重，不管是在约会、就业，还是人际关系当中，美丽的外表无疑都会加分很多。而且，其貌不扬，必然会招致不良的评价，这确实也不是什么好的体验。在这样的社会氛围中，我们每个人对于自身的外貌都是有一些压力的。

身处这样的社会环境下，就有人会夸大美丽的外貌所能带来的益处和不修边幅的外貌会带来的缺失——比如海润。海润认为，只要外表的问题解决了，任何问题都会迎刃而解，她将被所有人喜爱，并获得幸福。总之人生会发生戏剧性的转变。所以，她比别人更勤于照镜子。

习惯性照镜子的行为背后，照见的是人们对于健康和幸福的夙愿和幻想。而外貌至上的社会氛围带来了更多的不安，也更坚定了这种幻想。

但最终的选择权在我们这里：是要被幻想和不安左右，还是作出适当地调整，把精力投入到更有价值的事情上面。如果我们每天只顾着照镜子、整容，因为不漂亮而抑郁，或者暴食、厌食的话，我们内在的美丽将渐渐消失。打理外貌虽然是件好事，但是如何分配投入在这方面的精力也是我们需要考虑的事情。除了美丽这件事，此生我们需要做的，并且可以做得很好的事情还有很多。

爱照镜子的心灵配方

因为对美丽的外表抱有幻想，
所以才会一直照镜子。
把这个幻想装进包里吧，
然后抬头去看看镜子之外的世界，
或者镜子之外的书吧。

外貌至上主义，
是我们对外貌感到不安的直接或间接的原因。
如何调节其影响，
还要看我们自己。

把精力投入在外表之外的地方，
去开发自己的潜力。
因为美丽而获得的爱，
都有保质期。

挫折，幻想的催化剂

正在准备司法考试的智慧，每当觉得生活无聊时就会去夜店。她第一次去夜店，还是去年考试结束后跟朋友们一起去的。踏入夜店的大门就好像进入到了另一个世界。在劲爆的音乐轰炸之下，穿着时髦的年轻男女们聚在一起尽情地发散青春的活力。当站在舞台的中央尽情摇摆的时候，只觉得生活中的琐事都一一散去——这才是真正的人生。

然而到了第二天，昨夜的快乐和解脱感就会荡然无存，只剩下严重的头痛和自责。这一折腾，准考生的日子更不好过了。虽然每次都下定决心说再也不去了，但是每次都忍不了太久。一个人独自学习总是无法集中精神，脑子里只想去夜店。

灿烂的未来在招手，她也知道要好好准备考试，但是夜店同样让她憧憬。然而，夜店所能带来的只是一时的兴奋，却改变不了既定的现实。那么，为什么智慧还如此痴迷呢？

不满现实的心理分析

现实是苦闷的。尤其是要为了未来牺牲今天的快乐的时候，日子就更不好过了。未来越是绚烂，越觉得需要牺牲的东西很多，这样反而让人丧失斗志。我们应该每天都充满斗志，克服现在的痛苦，最终破茧成蝶。

其实，智慧为了灿烂的未来而决定参加司法考试，同样是“幻想”的一种表现。她只想到了考试合格之后可能会获得的荣誉和安定的生活，却没有想到自己是不是真的喜欢这个领域，自己又是否具有十足的韧性可以应对冗长而痛苦的应试准备。她完全没有想过，准备考试这段时间，自己能否调整好心情。其实她本来就不是坐得住的性格，只是盲目地觉得考司法考试是一件名利双收的事情。动机不够强烈，让她不能集中精神学习，老觉得自己牺牲了很多。以前只想着“考试合格之后……”完全忽视了准备的过程可能要经历的种种困难。

对这样的她来说，夜店无疑是最刺激而梦幻的现实避难所。置身于一帮快乐而酷感十足的年轻人中间，她感觉现实的一切不顺和挫折都在一瞬间消失得无影无踪了。但是，这并不是现实，这不过是一夜的欢愉。如果只顾沉溺于夜店的疯狂和刺激，恐怕连未来的路也会渐渐模糊。

考试村附近的抓玩偶机器总是比其他地方更赚钱，因为我们在现实中经历的挫折越多，就越容易沉浸在幻想中。正如古代的秀才们需要十年的寒窗苦读才有可能高中状元，要想通过司法考试，同样需要经历无数的挫折和努力。为了实现梦想，就要克服每一天都想要休息、想要玩耍、想要放弃的心情，全身心地投入到这场没有硝烟的战争中，一刻都不能停歇。也正是因为如此，身心疲惫的他们，一旦玩起游戏，就更加乐在其中不能自拔。

这与智慧的心情如出一辙。现实中的许多欲望得不到满足，所以唯有把夜店幻想成世外桃源。然而，夜店所能带来的轻松和快乐永远不会蔓延到日常的生活，只会留在世外桃源，那里只不过是她释放压力的逃避所。如果她真的想在现实世界里做出一番成就，便不宜在逃避所停留过长的时间。

这个世界上所有有趣的书都必然有无味的部分；所有激动人心的旅行，都会有痛苦的瞬间。每当我们在人生中需要经历这些艰难时光的时候，请想一下，这段时光，会不会是黎明到来前的黑暗，攀上高峰前的低谷？人生途中，若想要有一番成就，必须要学会坚守。

不满现实的心灵配方

在现实中遇到挫折的时候，
往往容易沉浸在幻想之中。
为了减少这种挫败感，
在设立目标的时候，最好结合实际。

在身心疲惫的时候，
可以在幻想的世界里稍稍停留一会儿。
但如果待得太久，
可能就找不到回到现实世界的出口。
最好先自己给定个规矩，
比如“只看一部电影”，
或者“每个月至多去一次夜店”。

如果欲望不断被打压，
就会失去享受现实的快乐。
如果可以每天及时了解自己的欲望是什么，
就不会总是想依赖于幻想世界了。

回到现实世界

我们来重新看一下早前介绍的如真的情况。如真总是喜欢说“等到那个时候……”小的时候，她总说“长大后要怎样怎样”；上了高中，她又说“上了大学要怎样怎样”；进了大学之后，她的假设句就更加丰富了，比如“只要减肥成功了，就如何如何”或者“找到一份好的工作之后，怎样怎样”。虽然经常说，却从未付诸实践，最后也都成了空话。

减肥总是以失败告终，即便进了不错的公司也总是不知满足，最后她干脆把未来假设句换成了过去假设句。

“当时如果听别人的劝，不辞职的话……”

“早知道，当初不跟那个人交往了……”

“要是当初好好准备考试的话……”

回想着过去的自己，如真不禁叹气：这么多年来，自己也没什么成就；看到周边那些混日子的朋友，也觉得很郁闷。

当年她本来是打算找一家更适合自己的公司，才辞去了那份工作。没成想，辞职之后不但没有积极地为再就业作准备，反而渐渐沉迷于电视剧。她把好多时代久远的电视剧全部下载了下来，然后每天看电视剧度日。她非常喜欢看美剧，剧中主人公的潇洒人生是她从小就梦想的。她们的爱情，她们的成功，她们跌宕起伏的人生，都让如真着迷。反观自己的人生，缺乏一切戏剧性的元素，就像一瓶没了气的可乐。她一直憧憬着剧中主人公的人生，并且幻想着“如果我也能像她那样……”

其实，她的这种幻想在一开始的时候，还属于一种“积极幻想（Positive Illusion）”。心理学家通过一系列的实验，将人们把自己的未来过于理想化的倾向称之为“积极幻想”。所谓积极幻想，顾名思义，是幻想的一种。但是在我们感到生活无望的时候，却可以给我们带来未来的希望，所以在一定程度上起到了积极的作用。学者认为，积极幻想不仅可以帮助我们获得成就感，也可以帮助我们改善关系。但即便它是积极的力量，它仍属于幻想。如果只知道盲目地相信“未来一切都会好的”却不付出任何努力的话，那么这种幻想无疑对我们的现实生活没有任何帮助，反而只会让现实更加寒碜。

如真就是一个很好的例子。一开始沉浸在积极幻想中的她，以为辞职之后一切都可以重新开始，但最后却在现实中遭遇了更多的挫折。相比于她自己捏造出来的幻想，现实实在无法让人满意。但只顾想着“这样的话会如何”“那样的话又会如何”，就永远无法勇敢地踏出改变的第一步。

如果大家也梦想着美妙的人生，那么请正视现实的人生，直视现实，在现实中触碰，并在遇到问题的时候，找到符合实际的对策。这并不让大家放弃幻想。只是，在现实的基础上，尽可能地利用幻想的力量。

从幻想中醒过来

1. 让我们来区分一下幻想（Fantasy）和梦想（Dream）。梦想，意味着一种强烈的渴望。但幻想则是毫无现实基础的，毫无实现可能性的空想。“是否有实现的可能性”和“是否投入努力”是这两者的明显区别。我们可以在日常生活中对二者加以区别。

   比如，每天只是幻想着自己瘦掉五千克之后的样子，从中获得一点点安慰——这就是幻想。虽然它有实践的可能性，却没有为此投入任何努力。那么，大家都抱有怎样的梦想和幻想呢？如果你的愿望没有任何实现的可能性，或还没有为此付出过的话，那么请将幻想及时转换成梦想。现在，首先把自己的梦想和幻想统统都记下来。然后马上着手把幻想改造成梦想吧。

   为了我的梦想（ ），现在我正在投入（ ）％的努力，而这个梦想实现的可能性有（ ）％。

   在我们的所有幻想中，为了将（ ）的幻想转变成梦想，我需要付出（ ）的实践。

2. 每当我们因为压力，想要逃进幻想世界的时候，让我们先来关注“自我概念（Self-Concept）”。自我概念可分为“现实自我（Realistic Self）”和“理想自我（Ideal Self）”。当这二者的距离逐渐拉大的时候，我们会感到无比的压力，以致无法直视现实，只好沉迷于幻想世界。现在，回顾一下自己在不同方面的自我概念，并寻找缩短“现实自我”和“理想自我”之间距离的方法。

	现实自我	理想自我	缩短距离
能力	对自己的英语能力没有自信，没参加过托业考试	想在最短的时间内说得一口流利的英语	以月为单位，树立英语学习计划，提高托业成绩
外貌			
关系			
其他			

3. 幻想，来自于沉积已久的错觉。尹英一直跟男朋友吵架，就是因为她固执地认为“我的爱情就是应该这样”，“他应该是这样的人”，她正是抱着自己对爱情的种种幻想来要求她的男朋友。而时刻需要照镜子的海润则认为“只有漂亮了才能获得爱情”，她对外貌的幻想太过强烈。而经常去算命的京贞则认为“总有人会给我明确的答案”。她对生活抱有太多的幻想。

    我们每个人都或多或少固守着一部分丝毫没有实现可能性的幻想，并且这样的幻想又会具体体现在我们的行为上。很多时候，我们的头脑虽然清醒地知道幻想的存在，却很难摆脱。现在就来检验一下自己到底抱有了怎样的幻想。

领 域	错 觉	行 为
对于爱情的幻想		
对于外貌的幻想		
对于掌控力的幻想		
其他幻想		

人们常常引用马尔克斯的这句话：

“要求斩断对于某种现实的幻想，就等于斩断了依赖于幻想的现实。”

这说明，现实和幻想永远是不可分离的。所以我们永远无法将幻想全部斩断，要斩断幻想，就等于失去了现实。正因为幻想的存在，可以缓和现实的坚硬，让我们觉得活着还有奔头。沉浸在幻想里，并不总是一件坏事。喜欢幻想，说明内心世界并没有完全被现实吞并，还留有足够的空间和盈余去实现更大的梦想。问题是——我们如何去应用幻想，如何利用它活出更加热烈的人生。

Chapter Ⅷ 不懂拒绝的女人

你不拒绝别人，担心拒绝会伤害别人，破坏关系，让别人心里不爽，所以甘愿让自己心里不爽；爱面子，打肿脸充胖子，享受别人口头的夸奖，甘愿自吞苦果。不懂拒绝，只会让你举步维艰。

嘉仁无法容忍任何不公的存在。如果是别人的话，即使觉得事情有些不妥也会睁一只眼闭一只眼，但嘉仁一定要把是非分得清清楚楚——该给别人的就要给，该得到的也绝对不能少。我跟嘉仁一起听过一次冗长的讲座，席间嘉仁两次让我感到惊讶。

一次一位著名讲师正在讲课的时候，嘉仁突然举手说："内容太深奥，太无聊，能不能讲得简单明了一些？"另一次她挑衅地举起手问讲师"到底什么时候才能讲完？"这些我和其他老老实实听课的学生想也不敢想的举动，嘉仁竟然在这位著名讲师面前做了两次。

嘉仁的朋友恩实在一家辅导学校做兼职。她觉得这份兼职既可以补贴学费，还可以在毕业前积累社会经验，所以非常值得尝试。但是在制订授课时间和授课费用的时候，却发生了一些麻烦。严格来说，这些麻烦在表面上根本看不出来。辅导学校一方声称效益不好，于是校长给恩实开出的条件非常的苛刻。但是一向为人谨慎又心软的恩实，在这个不公的条件面前唯唯诺诺，始终不敢提出异议。最后，竟然在合同上签了字。这之后，恩实的心中就好像打翻了五味瓶一样。思来想去，还是后悔自己怎么就同意了如此不公平的条件，十分后悔。

在听过恩实讲完事情的经过之后，嘉仁马上喊了起来：“喂，快点跟他们说不行！说你干不了！”

嘉仁很激动，好像这是自己的事情一样。恩实不管在哪里，都属于安静而被动的类型，即使有什么事，也尽可能大事化小，小事化无。所以，像这种对嘉仁来说绝对不可能发生的事情，经常在恩实身上发生。在情绪激动的嘉仁面前，恩实的声音变得更小了。

“那个……现在学院效益不太好……”

“那也得有个说法呀。这不明摆着看你小欺负你嘛？”

我可以理解嘉仁的愤慨。当然，也可以理解恩实的难处。在小事上都不太会拒绝别人的恩实，在大事前就更拿不出勇气来表明自己的立场了。这种时候，嘉仁的愤慨，就更加深了恩实的自责。该说的话也没说，本来就觉得委屈郁闷的恩实，好不容易说出了心里话，又被朋友指责，这无形中使得自责感升级，她干脆不说话了。就这样，她在自责的沼泽里沉溺得越来越深，慢慢失去了改变的勇气。

对恩实来说，最缺乏的是“自我肯定(Self-Assertiveness)”。

所谓自我肯定，就是可以把自己的想法、感觉、意见明确地表达出来的能力。自我肯定能力很强的嘉仁在看到唯唯诺诺的恩实的时候势必会觉得很郁闷，而恩实虽然很羡慕嘉仁，但是没办法像嘉仁那样勇敢。

恩实无法表达自己的意见，可能是因为她觉得表达之后的损失会大于所得。而相比于经济损失，她更在意的是心理负担。因为这种心理负担，很多人（有时包括嘉仁）都无法勇敢地表达自己想要表达的东西。或者说，在无理的要求、请求或者严重不靠谱的提案面前，也无法说“不”。

我们每个人都羡慕那些活得坦坦荡荡，可以自由表达自我意志的人。但是，要自己做到却很难。关于自我表达，每个人都不尽相同，但缺乏自我肯定的人大多都有以下表现：

* 一向性格谨慎。
* 不知道自己想要什么，所以更别提如何表达了。
* 在强烈地表达某种态度的时候，可能会遭到断然的拒绝或被人直接忽略。
* 害怕过于直白地表达自己的主张，害怕别人的讨厌。
* 不喜欢引起矛盾，更不愿意站在矛盾的中心。
* 虽然很羡慕那些敢于表达自我主张的人，但同时也有点害怕这种人。

有时候，别人还没有提出请求，我们已经在努力往他们想要的方向做了。这一点也让我们很累。如果不懂得拒绝和自我防卫，就会在无形中被别人操纵。然后在事过之后，我们才会恍然大悟：“啊！当时我怎么就没有拒绝呢？我为什么没有说出口呢？”而一旦这种事情一再反复，我们就会对人际交往感到压力，对自己的性格越来越不满。想要拒绝却不知如何拒绝，我们需要一些切实的对策。

在本章中，我们来着重了解为什么很多人也会像恩实一样，想要拒绝却说不出口、无法理直气壮地拒绝之后说出自己的主张，并且对人际交往感到压力。然后继续探索，为了加强自我肯定，我们应该从哪些方面做出努力。

存在的问题

1. 对于过分和无理的要求，无法明确地拒绝或予以反驳。

2. 总是听从别人的请求，却从来不听自己的要求。

3. 对别人的事总是挺身而出，但最后总觉得自己吃了亏。

4. 不喜欢自己，不敢大胆表达自我的性格。

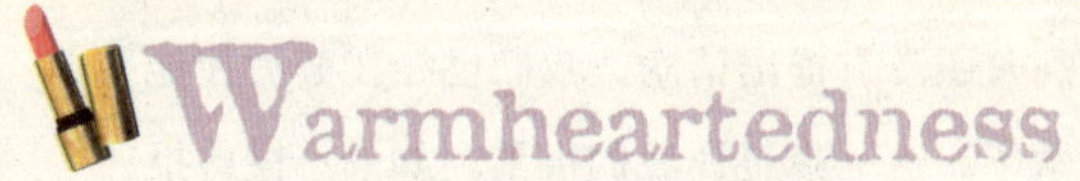

吃力不讨好的热心肠

尹之是热心肠。只要别人嘱托，她都一口答应，而且很多时候别人还没有提出要求，她就已经主动帮助别人了。她总是绞尽脑汁为朋友们想办法，也总是积极组织朋友聚会。大人们都称赞这小孩真是懂事，朋友们也非常感激她。

但过于热心，有时候也会成为一个问题。周围的人一方面觉得很感激她，但另外一方面又觉得有心理负担。因为总是把别人的事当成自己的事去跑前跑后并不是件容易的事情。因为她对别人实在是太好了，会让对方觉得欠了她的人情，反倒觉得不太方便。而有些人则把她的帮助当成了理所当然的事情。而人们的这种心态，预示了她今后会在人际交往中感到更多的空虚和愤怒。

自从尹之有了男朋友之后，再也没有那么多余力去管别人的事情了。有的时候，也不得不拒绝一些人的请求。有了男朋友，自然不可能再像以前那样，把朋友们的事情都当成自己的事情去一一费心，因为没那个时间，也没有那个精力。但问题就从这里开始了。看到尹之的变化，一些朋友开始私下议论说：“真是对她失望。”

一开始，尹之觉得很慌张。再后来，就觉得荒唐。再后来，是生气和失望。现在，则变成了空虚。她感叹“之前对她们那么好，原来都是白费”，不禁觉得无限的空虚和愤怒。这么多年来，为了维护好大家的关系，她付出了多少努力啊！

“我总是在她们还没有开口之前，就主动帮助他们了。但她们竟然把这种帮助当成了理所当然，这确实让我很难过。怎么能这样呢？”

失望归失望，现在她仍在为不能完全满足周边人的要求、又不能明确拒绝而困惑。那么，她应该如何是好呢？

热心肠的心理分析

她即使很累了，也不会拒绝别人的请求。但她自己也不理解为什么要继续做这个“老好人”。当我们付出了很多努力，却仍旧没有被认可的时候，内心会感到非常无力。而此前的尹之，总是竭尽全力把别人的要求放在第一位，凡事都以别人的需要为主。当她仍然不被肯定的时候，内心势必会更加煎熬。

我们不可能一味地去满足别人，也一定有人看不到我们曾经付出的努力，但是我们依然期待自己的付出可以得到回报。当她努力做了那么长时间的“老好人”之后，却依然没有获得回报或认可，内心会感受到莫大的背叛感。对于她来说，需要认识以下三点：

1. 寻找自己行为模式背后的根源所在，并试图理解它

从小到大一个人孤零零长大的尹之，一直非常渴望有人可以理解自己的心情，可以为自己填补爱的缺口，可以帮助自己。像她这样曾经孤独过的人，总是会“过度”地理解别人的心情，“过度”地帮助别人，甚至有时候自己也不知为什么要这么努力地帮助别人。曾经的孤苦无依，让她更加强烈地感觉到别人的渴求。所以，如果谁拜托她一件事情，她不会轻易拒绝，大部分都会满足她们的要求。

其实这些都没有问题，我们需要关注的是“过度”这一点。她可以敏感地捕捉和理解别人的心情，却忘记自己内心，她对于“别人想要什么”的关注度已经超过了正常的界限。但是，别人却不会像她那样敏感地体会到她的心情，所以她才会感觉她的付出严重失衡。所以，自然在某些时候会觉得失望和难过。

2. 了解自己的诉求

我们常常会说出自己想要的礼物和自己想听到的话。

尹之也有这样的倾向。在她帮助某个人的时候，其实内心也渴望对方可以给她同样的帮助。我们总是觉得自己在为别人付出什么，实际上我们所有的行动本质上都是为了自己。你帮助别人的时候会感到高兴，那是因为“你”做了善事，所以你会为自己高兴。

在理解了这一心理层面之后，我们便不会再拘泥于我们为别人付出了多少，而是可以体会到这种行为背后自己的内心诉求。这样一来，心态就会平衡很多。所以，很多时候我们有必要回想一下，曾经我们以为的“付出”，是否是为了自己才做出的行为？

3. 把自己放在中心点

不善于拒绝的人大多有个共同特征：那就是更加关注他人的需求。但他人毕竟是不受自己控制的“另一方”，所以你很难保证自己不被那样的需求和期待所操纵。所以我们有必要把关注的重点放在自己身上，这样才不会过于在意别人的反应，并且在必要的时候明确地作出回绝。

这并不是说我们要变得自私，而是说不管何时都不要忘记，自己的内心才是更加重要的。不管在什么状况下，唯有把自己放在中心点，才能作出最明确的决定，而不是被其他事物所迷惑和左右。

热心肠的心灵配方

理解别人的心情，
满足别人的请求，
是人际交往的基本内容之一。
但过度拒绝和过度满足，
也将有碍于人际关系的发展。

我们有时候会以“自己想要的方式”对待别人。
所以，在难以拒绝的行为背后，
请先看清真正的心理原因是什么。
是因为希望受到别人的认可，
还是因为过度敏感地理解别人的需要？

不会拒绝的人，
更倾向于去理解别人的心情，
满足别人的要求。
但要切记的是，
不管什么时候，
内心建设的中心都应该放在“自己”身上。

Be Needed

被需要的人，也有苦恼

小熙每到周末早上就要早起去教会，那是她从小一直去的教会。现在，距她搬家已经三年有余，现在小熙住的地方离教会有两个小时的车程，但是即使疲惫，她还是每周坚持换乘两次地铁，赶去原来的教会做礼拜。这是她三年来一直做的事情。

而现在正在读大四的她正面临着就业。为了找工作，她每天晚上都要熬夜写自我介绍，而不理想的托业成绩也让她备感不安。但即便是这样，她仍然要每周在地铁上浪费两个小时，在教会度过六个小时。这一切都是因为教会“需要她”。虽然此前她也想过要换一家教会，但是她现在在教会担任着比较重要的职务，所以才难下决心。

其实小熙家附近有很多家教会，而且说实在话，在现在的教会里，即使没有小熙，也一样有人可以顶替她的职务。再说，现在火烧眉毛的事情应该是赶快提高托业成绩并且为就业作准备。这一点小熙也知道，为此她感到压力很大。但是只要别人对她说“需要你”，她就完全失去了抵抗能力，根本没法拒绝别人。

老好人的心理分析

如果可以的话，每个人都想成为别人需要的人，并且给别人留下“好人”的印象。我们的所有行为里面，其实都存在这一心理。但是，如果这种想法太过强烈的话，就会导致我们在行为上出现一些弊端。

让小熙无力抵挡的除了教会的嘱托之外，还有很多。比如即使正在吃着饭，只要朋友有事相求，一定会立马起身；或者即便自己也很累，但是看到朋友有难处，一定会竭尽全力帮朋友想办法。为什么呢？因为看起来，他们很需要她。她觉得只要在别人心里留下了“好人”的印象，也算是对所有付出的回报了。

对她来说，人们的赞美就像是蜜糖一样甜蜜。既然人家都说了一定要我帮忙，那我一定要挺身而出啊！但是，如果对于这样的请求没有任何抵抗力，并为了满足别人倾注太多时间和努力，该拒绝的时候也不能拒绝的话，我们就应该要审视一下自己了。如果一听到这种话，耳根子就彻底软掉，然后忘记了自己真正想要的是什么，也忘记了自己该做的是什么，事后必定会后悔不已。

老好人的心灵配方

小熙对“需要你”这句话特别招架不住，
那么你对什么话特别没有抵抗力呢？
当习惯成自然的时候，
想改变角色定位、不再当老好人就很难了。

没有必要非成为“别人需要的人”或“大好人”不可。
在此之前，请先成为自己需要的人，
这才是更为重要的事情。
偶尔的拒绝不会招人讨厌，
因为大家都有优先原则，
他们会以同理心理解自己。

当你不知道该如何拒绝的时候，
请先对事情的轻重缓急做一个排序。

无力说“不”

同生活在一个宿舍的友莉和善华是一对好姐妹。虽然很多别的同学都因为室友相处问题头疼，她们两个的关系却很好。结束了一天的日程之后，她们会躺在床上聊起这一天发生的事情。

每周周一都会很早回来的友莉今天却很晚才回到宿舍，看起来心情非常沮丧，神情也呆呆的。

“去哪了？今天回来很晚呀。”

对于善华的问话，友莉无力回答，只是垂头丧气地走到床边，然后陷入了沉思。不一会儿，友莉竟然默默地哭了起来。

“怎么了？发生什么事了？”

见此状，善华惊讶万分。在善华的一再追问下，友莉终于说出了今天的经历。在听完事情的来龙去脉之后，善华才明白，原来友莉在回宿舍的路上，遇到了看相的人。

而友莉被他们拉去听了很长时间的“人生之道”，为此友莉自责不已。

其实善华也曾遇到过这些人，虽然不想在意这些人说的话，但有时候又会无缘无故地想起。但是善华并不会像友莉这样自责，甚至流泪。虽然在一旁一直安慰着，但实在理解不了为了这点事就辗转反侧，甚至流泪的友莉。

“那些事听过了也就完了呗，怎么会那么纠结啊？”

那么，友莉为什么这么在意呢？

感到无力的心理分析

即使是相同的经历，由于它带给我们每个人的意义不同，所以它的影响力和影响时间都是不同的。虽然善华和友莉曾有过相同的经历，但是善华至多只是觉得“哎，真晦气”，之后就不再想起；而友莉则会想，“今后该怎么办才好呢？”此后便陷入深深的不安之中。

友莉的眼泪中包含有很多内容。她平时连一点点小诱惑也经受不住，也不懂得拒绝，她对自己的这一点非常讨厌。之前本来想跟相处已久的男友分手，但是又觉得“感情已经在那儿了”，所以迟迟下不了决心；跟朋友们在一起的时候也一样，她永远不会主动表达自己想要什么。

这次事件就像是一个放大镜，把友莉一直以来对自己的所有不满全都加倍显现出来——她终于不得不面对这令人痛苦的事实。以这件事为契机,她终于发现了自己的软弱。而她的眼泪中,也包含着“我原来这么没出息”的含义。

不仅如此,虽然她自己一直在努力做自己,但是不知道为什么,这个世界上总有那么多人强迫自己做不喜欢做的事情,想到这里,她就感到非常愤慨和不安。她的眼泪里,除了对自己不懂拒绝别人的无可奈何,也包含了对那些强迫她的人的愤怒。那么,当我们因为不会拒绝而感到自责,并抱怨别人和周遭环境的时候,应该怎么办呢?

不要对自己太苛刻

不要仅仅因为不会拒绝别人就妄自菲薄,这样只会助长无力感,最后连尝试的机会也失去了。回想一下以前自己为什么没能拒绝别人,并以此为鉴。过去的经历,不过是为了让未来变得更好的演习而已。

相信别人

相信别人即使被我们拒绝了,也依然可以找到解决的方法。有的时候,断然地拒绝实际上是对对方的一种帮助,可以让对方尽快斩断依赖心理,最大限度上节省精力。必要的时候就是要斩钉截铁地拒绝。

如果友莉可以靠自己或善华的提点领悟到以上这两点,在今后的日子里想必就不会再为这种事情哭泣了。

感到无力的心灵配方

不懂得拒绝，
只会加深对自己的自责，
对别人的愤怒和不安。
自身价值会越来越贫乏，
最终会变成一个一无是处的人。
不必追求八面玲珑、尽善尽美。

过去不懂得拒绝的经历，
应该成为前车之鉴，
以更好地指导未来。

我的断然拒绝，
对于别人来说，也许是件好事。
拒绝不单单是从自身利益出发，
也是为了让对方能够最高质量地获得我们提供的成果。

亲切小姐不易做

此刻坐在咖啡馆看着笔记本电脑的智润内心非常焦急。有个明天就要上交的课题要写，那边妈妈还让她帮忙在网上买东西。同时，今天晚上朋友们还约好要一起吃饭。所以在此之前要尽快完成课题和网上购物这两件事。

虽然想跟朋友们说今天很忙，改天再约，但是其他朋友除了今天之外，其他日子都没时间，所以只好作罢。她一向不懂得强硬地表达自己的意见，为此她也没少吃亏。

正在智润大汗淋漓地写着课题报告的时候，她的电话铃响了。是不认识的号码，智润在犹豫要不要接，但又怕是什么重要电话，所以只好接起来了。原来是银行人员推销银行产品。打来电话的销售人员一直在电话里说个不停，丝毫没给智润插话的机会。

“您好，我是 ×× 金融的 ××。下面向您推荐一款好的产品。”

"啊……那个……"

智润吞吞吐吐的，本来想小声跟对方说自己不感兴趣，但是对方显然非常强势。于是，智润就这么傻傻地拿着电话不知如何是好。结果，在一旁看着的朋友实在受不了了，直接抢过电话说"没兴趣"，然后便挂断了电话。

智润光听银行人员介绍产品已经浪费了很多时间，而且，接完电话之后的智润心情非常郁闷，也难以再次集中精神了。"为什么自己就不能像朋友那样直截了当地表达自己的意思呢？"想到这里智润就觉得很郁闷。那么，拒绝，对于她来说为什么那么难呢？

保持亲切的心理分析

她之所以难以拒绝别人有以下三种理由：

1. 她认为应该对所有人保持亲切

她之所以不懂得拒绝的第一个原因，可以追溯到她母亲那里。她的母亲从小就教育她要对别人亲切。妈妈的教诲深深地留在了她的心里，所以她不管何时都努力想要成为好人。但是，对所有人亲切就意味着没有办法拒绝刚才那样的垃圾电话，在本该拒绝的时候也难以启齿。该拒绝的时候就应该明确地拒绝，这样才能沉下心来集中精神做课题，下次朋友聚会的时候也才能提出自己方便的时间。

2. 把拒绝想得太重

她无法拒绝别人的第二个理由是，她自己就不喜欢被人拒绝。她不愿意拒绝别人是一方面，另一方面，她更不喜欢被别人拒绝，所以她很少去请求别人什么。如果一定要拜托别人，那么一定是经历了很长一段时间的心理挣扎，带着十分沉重的心情最终才开口。

对于她的请求，有些人会痛快地答应，而有些人则会断然地拒绝。但如果遭到了拒绝，她的心里会非常受不了。就像这种拒绝是针对她本人似的。正因为她自己不愿意被拒绝，所以她才同样不愿拒绝别人。

但是，被拒绝有什么大不了吗？有必要想得那么严重吗？在这个社会上，我们每个人都要与别人相伴而活，所以请求和拒绝是日常生活中的基本内容。如果把这一基本内容想得太过严重，岂不意味着我们的人生也变得非常沉重吗？所以，对于智润来说，大可把拒绝和被拒绝这件事看得轻松些。要记住几件事：在请求别人之前，不用再那么思前想后；即使提出了请求，也很有可能被拒绝；即使遭到拒绝，那也不是针对你本人的，而是对这件事情的回绝。

3. 对自己严苛，对别人宽容

智润如此难以拒绝别人的第三大理由，就是她对自己实在太过严苛，相反，对别人却十分宽容。她觉得别人可以尽情地来请求自己，而自己则尽可能不要开口求别人。所以拒绝才会变得这么难。

像智润这样难以拒绝别人的人，先要反观一下自己对待别人和自己的标准。是不是对别人过于宽容，对自己又过于苛刻了呢？

保持亲切的心灵配方

对所有人亲切，意味着难以对自己亲切。

如果觉得拒绝很困难，
试着把请求和拒绝的分量看得轻一些。
当你仔细倾听了别人的要求，
并认为自己应该拒绝的时候，
说“不”的态度必须是温和而坚定的。
即使无法彻底拒绝，
也要在接受之前，
尽量使委托的内容朝着对我们有利的方向改变。

审视一下对自己和对别人的标准，
不要对自己太残酷，
努力改变你的心态，
调节你的心情，
学会平静地接受现实。

Self-Contention

从小事上培养“自我主张”能力

到现在为止，我们一起了解了很多人想拒绝却难以拒绝，并为此备感痛苦的各种故事。也试图了解要想改善这一状况，我们需要做些什么。在本章中，我们也着重强调了一个概念——“自我主张性”，它让我们可以在该拒绝的时候就拒绝，该表达的时候就表达。自我主张性，其实可以具体体现在生活的每一个角落。

我们可以来回顾一下我们的一天。从一天的开始到结束，我们需要经历很多“拒绝”的关卡。有各种邮件短信纷至而来；美容院的大妈，银行的业务员，食堂的小伙一个个都在招揽生意；即便安安静静地坐在咖啡馆里，也有神叨叨的人主动过来搭讪说“你身上流淌着很好的气息，不如我好好给你说说”。

不仅仅如此。每当经过化妆品柜台或服装店的时候，两眼放光的营业员们总是会有各种花哨的说辞让我们难以拒绝。她们有一双火眼金睛，一旦发现客人的意志有一丝松动马上会乘胜追击。最后让我们郁闷地把银子花出去。

诸如此类，在我们的生活中有很多时候都需要非常断然的拒绝。像垃圾邮件、垃圾电话、垃圾短信，这些都是会让我们的生活更加混乱的“噪音”。而“随时随地可以借贷”“见哥哥一次吧”“100% 正品”这样的广告语更是让人火大，因为这种强加给我们的信息甚至让我们连拒绝的机会都没有。

在被各种“噪音”和“垃圾”包围的世界里，若不懂得拒绝和明确地表达自己的意思，将很难开展我们的人生。很多东西如果不及时拒绝，一直让它们留在我们的人生中的话，只会让生活变得一筹莫展，举步维艰。所以，在这里我们有必要下定决心了。

对于不必要的推销，请底气十足地说“我不需要”；对于不想要的推荐和拉客行为，不用太在意。只要专注于自己真正想要和需要的东西就好。就这样，在日常生活中慢慢地学会拒绝和表达自己的意见，将会让我们的“自我主张性”更加健全。回顾一下自己过往的经验，如果你也不善于拒绝，那么从现在起着重培养自我主张能力吧。

底气十足地拒绝

1. 一般来说，我们不敢表达自我的最大原因就是不安。那么，从不安等级最小的事情开始挑战看看，养成表达自我的习惯。下表中列出了日常生活中，我们需要表达自我主张的事情以及它们可能带来的不安程度。另外对于造成不安的原因也略微分析了一下。

不安等级	需要自我主张的时候	不安的理由
100	100 分。指出前辈的错误	怕被当成是没有礼貌的人
0	20 分。取消与朋友的约会	怕被看成是没有责任感的人

2. 有时即便是相同的内容，但表达方式不同，拒绝也许可以变得比较容易。为了更好地拒绝，请记住以下几件事情：

* 尽可能诚恳地表达自己的心情。如果这样对方还是误会，就没有办法了。

“我也希望那天可以去帮你，但是隔天有个重要的考试。”

* 需要的话，可以帮助提出解决方案。

“如果那之前需要帮助的话，一定要跟我说一声。那之前我应该是有时间的。”

* 不要找这样或那样的借口。拒绝的时候直接说重点。
“我那天有别的约会，所以可能不行耶。”

3. 我们之所以没有办法让“自我主张性”发挥得很好，很大程度上是因为对“自我主张性”并没有明确的认识和定义。所以我们害怕一旦表达自我了，就被认定是攻击性的表现。以下表格中，将对“非主张性”、“主张性”和“攻击性”作出具体的定义。

	非主张性	主张性	攻击性
行为	不能表达自己的需求和权力	表达自己的需求和权力	在牺牲别人的基础上表达需求和权力
	不诚实，间接表达	诚实地直接表达	诚实，但是具有攻击性地表达
	自我否定	自我肯定	自我肯定
	允许别人侵害自己的人权	维护人权，但不侵害别人的权力	恰当的敌对反应；或藐视别人，给别人难堪
自己的心情	不安，对自己失望，然后愤怒	好心情，自信	目中无人的优越感，愤怒，随之而来的罪恶感
别人的心情	焦躁，同情，怜悯	尊重	愤怒，怨恨，报复心
结果	难以达成想要的目标	达到目标	牺牲别人，达到目标

参照《自我主张心理学》/ 朴成熙

虽然自由地表达自我意见是件好事，但是如果现在的情况还差之甚远，不必急于一朝一夕之间把所有行为都矫正过来。因为你身边的人可能会不适应，甚至把你的自我主张当成是一种攻击性的表现。新的开始是好的，但是一开始的时候势必会遇到困难。身边既会有支持你的人，也会有不认可的人。所以，慢慢改变，最好能跟周围的人一起改变。

后　记

现在，不要再迷茫了！

每当心情烦乱的时候，我常常会画一张表。大概画一下的话，应该是下面这样子。

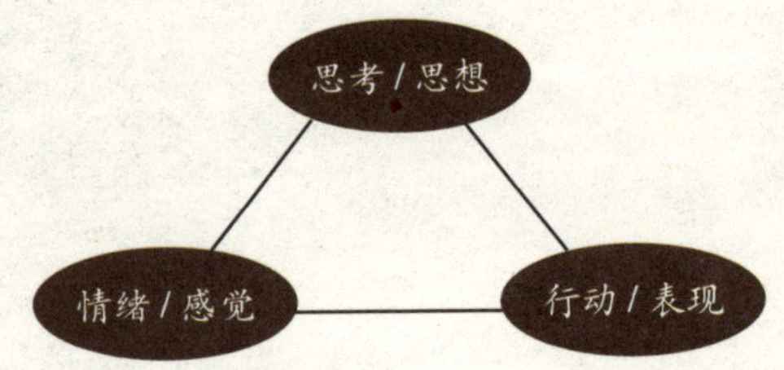

在学习心理学的过程中，这个表帮助解答了“我们为什么如此痛苦”。答案就是，我们的思想、情绪和行为完全是分道扬镳的。虽然脑子里想的是A，心里却想要B，但行动上却选择了C，这让我们整个人快要分崩离析。当这种分离感越来越大的时候，我们就失去了对生活的控制，越来越不理解我们为什么会这个样子，变得难以接受自己，最后自信尽失，甚至会开始讨厌自己。而当我们的头脑、心灵、行为形成如上表那样的稳定的三角形的时候，我们才能构建起自信而幸福的人生。

在这本书里我们讲了许多故事，但终极目的，就是想要把这个和谐的三角形送给大家。在这之后，每当再遇到明明知道不可以，却还是暴饮暴食、还是会购物上瘾、还是会拖泥带水、还是会自我设限、还是会不懂拒绝、还是会用幻想来逃避、还是会沉溺于某种感情、还是没有办法从一段坏的关系中走出来的时候，请打开笔记本画一个你心里的三角形。我现在到底在想什么，我想要的又是什么，现在又是如何做的，把这些东西老老实实地填到三角形中，然后时刻注意矫正思考、情绪和行动之间的距离。在这个过程中，明天一定会越来越好。并且，大家也将重拾自信，再次成为自己人生的主人。

哄骗别人不难，但是欺骗自己却是难上加难。因为在这个世界中最了解你的人，最能冷静判断你的人，最能给你带来安慰和温暖的人，就是你自己。所以，再也不要为自己找任何借口了。从现在起，一点点慢慢地构筑起坚固而和谐的三角形，让我们的人生过得更加健康而潇洒吧。除了自我讨厌、自我解释、自我责怪之外，这个世界上还有很多美好的事情等着我们去做！

短信查询正版图书及中奖办法

A．电话查询

1．揭开防伪标签获取密码，用手机或座机拨打4006608315；

2．听到语音提示后，输入标识物上的20位密码；

3．语言提示：您所购买的产品是中资海派商务管理（深圳）有限公司出品的正版图书。

B．手机短信查询方法（移动收费0.2元/次，联通收费0.3元/次）

1．揭开防伪标签，露出标签下20位密码，输入标识物上的20位密码，确认发送；

2．发送至958879(8)08，得到版权信息。

C．互联网查询方法

1．揭开防伪标签，露出标签下20位密码；

2．登录www.Nb315.com；

3．进入“查询服务”“防伪标查询”；

4．输入20位密码，得到版权信息。

中奖者请将20位密码以及中奖人姓名、身份证号码、电话、收件人地址和邮编E-mail至szmiss@126.com，或传真至0755-25970309。

一等奖：168.00元人民币(现金)；
二等奖：图书一册；
三等奖：本公司图书6折优惠邮购资格。
再次谢谢您惠顾本公司产品。本活动解释权归本公司所有。

读者服务信箱

感谢的话

谢谢您购买本书！顺便提醒您如何使用ihappy书系：

- 全书先看一遍，对n全书的内容留下概念。
- 再看第二遍，用寻宝的方式，选择您关心的章节仔细地阅读，将“法宝”谨记于心。
- 将书中的方法与您现有的工作、生活作比较，再融合您的经验，理出您最适用的方法。
- 新方法的导入使用要有决心，事前做好计划及准备。
- 经常查阅本书，并与您的生活、工作相结合，自然有机会成为一个“成功者”。

优惠订购	订阅人		部门		单位名称		
	地址						
	电话				传真		
	电子邮箱		公司网址			邮编	
	订购书目						
	付款方式	邮局汇款	中资海派商务管理（深圳）有限公司 中国深圳银湖路中国脑库A栋四楼　　邮编：518029				
		银行电汇或转账	户　名：中资海派商务管理（深圳）有限公司 开户行：招行深圳科苑支行 账　号：81 5781 4257 1000 1 交行太平洋卡户名：桂林　　卡号：6014 2836 3110 4770 8				
	附注	1．请将订阅单连同汇款单影印件传真或邮寄，以凭办理。 2．订阅单请用正楷填写清楚，以便以最快方式送达。 3．咨询热线：0755-25970306转158、168　　传　真：0755-25970309 E-mail: szmiss@126.com					

→利用本订购单订购一律享受9折特价优惠。

→团购30本以上8.5折优惠。